U0885291

刘半农自述

刘半农 著

泰山出版社 · 济南 ·

图书在版编目（CIP）数据

刘半农自述 / 刘半农著. -- 济南 : 泰山出版社，2022.12

ISBN 978-7-5519-0732-3

Ⅰ. ①刘… Ⅱ. ①刘… Ⅲ. ①刘半农（1891—1934）—自传 Ⅳ. ① K825.6

中国版本图书馆CIP数据核字（2022）第167788号

LIUBANNONG ZISHU
刘半农自述

责任编辑 池 骋 王凌云
装帧设计 路渊源

出版发行 泰山出版社
社　　址 济南市泺源大街2号 邮编 250014
电　　话 综 合 部（0531）82023579 82022566
出版业务部（0531）82025510 82020455
网　　址 www.tscbs.com
电子信箱 tscbs@sohu.com
印　　刷 山东新华印务有限公司
成品尺寸 150 mm × 230 mm 16开
印　　张 12
字　　数 150千字
版　　次 2022年12月第1版
印　　次 2022年12月第1次印刷
标准书号 ISBN 978-7-5519-0732-3
定　　价 39.00元

凡　例

一、本书收录了作者的相关经典文章或片段，主要展现了作者的学术历程或情感操守等。

二、将所选文章改为简体横排，以适应当代的阅读习惯。所选文章尽量依照原作，以保持文章的时代原貌，有些地方参照当下最新的整理成果进行了适当修改。

三、所选文章没有标题或者标题重复的，编辑时另行拟加或改拟。个别文章为相近内容之汇辑，另拟新题。

四、对有些当时使用的文字，如“的”“地”“得”“化钱”“记帐”等，均一仍其旧。

目录

《半农杂文》自序

我在十八九岁时就喜欢弄笔墨，算到现在，可以说以文字与世人相见，已有二十五年的历史了。这二十五年之中，通共写过了多少东西，通共有多少篇，有多少字，有多少篇是好的，有多少篇是坏的，我自己说不出，当然也更没有第二个人能于说得出。原因是我每有所写述，或由于一时意兴之所至，或由于出版人的逼索，或由于急着要卖几个钱，此外更没有什么目的。所以，到文章写成，寄给了出版人，就算事已办完。到出版之后，我自己从没有做过收集保存的工作：朋友们借去看了不归还，也就算了；小孩们拿去裁成一块块的折猢狲，折小狗，也就算了；堆夹在废报纸一起，积久霉烂，整捆儿拿去换了取灯，也就算了。“敝帚千金”，原是文人应有之美德，无如我自己也不知道什么缘故，在这上面总是没有劲儿，总是太随便，太“马虎”：这大概是一种病罢？可是没有方法可以医治的。

我的第二种病是健忘：非但是读了别人的书“过目即忘”，便是自己做的文章，过了三年五年之后，有人偶然引用，我往往不免怀疑：这是我说过的话么？或者是有什么书里选用了我的什么一篇，我若只看见目录，往往就记不起这一篇是什么时候写的，更记不起在这一篇里说的是什么。更可笑的是在《新青年》

时代做的东西，有几篇玄同替我记得烂熟，至今还能在茶余酒后向我整段整段的背诵，而我自己反是茫茫然，至多亦不过“似曾相识”而已！

因为有这“随做随弃”“随做随忘”两种毛病，所以印文集这一件事，我从前并没有考量过。近五年中，常有爱我的朋友和出版人向我问：“你的文章做了不少了，可以印一部集子了，为什么还不动手？”虽然问的人很多，我可还是懒着去做：这种的懒只是纯粹的懒，是没有目的和理由的。但因为他们的问，却引动了我的反问。我说：“你们要我印集子，难道我的文章好么？配么？好处在那里呢？”这一个问题所得到的答语种种不同。有人说：“文章做得流利极了。”有人说：“岂特流利而已。”（但流利之外还有什么，他却没有说出。）有人说：“你是个滑稽文学家。”有人说：“你能驾驭得住语言文字，你要怎么说，笔头儿就跟着你怎么走。”有人说：“你有举重若轻的本领，无论什么东西，经你一说，就头头是道，引人入胜，叫人看动了头不肯放手。”有人说：“你是个聪明人，看你的文章，清淡时有如微云淡月，浓重时有如狂风急雨，总叫人神清气爽；决不是粘粘腻腻的东西，叫人吃不得，呕不得。”有人说……别说了！再往下说，那就是信口开河，不如到庙会上卖狗皮膏药去！

虽承爱我的朋友们这样鼓励我，其结果却促动了我的严刻的反省。说我的文章流利，难道就不是浮滑么？说我滑稽，难道就不是同徐狗子一样胡闹么？说我聪明，难道就不是说我没有功力么？说我驾驭得住语言文字，说我举重若轻，难道就不是说我没有学问，没有见解，而只能以笔墨取胜么？这样一想，我立时感觉到我自己的空虚。这是老老实实的话，并不是客气话。一个人是值不得自己的严刻的批判的；一批判之后，虽然未必就等于零，总也是离零不远。正如近数年来，我稍稍买了一点书，自己以为中间总有几部好书，朋友们也总以为我有几部好书。不料，最近北平图书馆开一次戏曲音乐展览会，要我拿些东西去凑凑热闹，我仔细一检查，简直拿不出什么好书，于是乎我才恍然于我之"家无长物"。做人，做学问，做文章，情形也是一样。若然蒙着头向着夸大之路走，那就把自己看得比地球更大，也未尝不可以。若然丝毫不肯放松的把自己剔抉一下：把白做的事剔了去，把做坏的事剔了去，把做得不大好的事剔了去，把似乎是好而其实并不好的剔了去，恐怕结果所剩下的真正是好的，至多也不过一粒米大。我这样说，并不是要叫人丧气，从而连这一粒米大的东西也不肯去做。我的意思却是相反：我以为要是一个人能于做成一粒米大的东西，也就值得努力，值得有勇气。

话虽如此说，我对于印集子这件事，终还是懒；一懒又是两三年。直到廿一年秋季，星云堂主人刘敏斋君又来同我商量，而我那时正苦无法开销中秋书账，就向他说："要是你能先垫付些板税，叫我能于对付琉璃厂的老兄们，我就遵命办理。"刘君很慷慨的马上答应了，我的集子就不得不编了。但是，说编容易，动手编起来却非常之难：这一二十年来大半已经散失的东西，自己又记不得，如何能找得完全呢？于是东翻西检，东借西查，抄的抄，剪的剪，整整忙了半年多，才稍稍有了些眉目。可是好，飞机大炮紧压到北平来了！政府诸公正忙着"长期抵抗"，我们做老百姓的也要忙着

“坐以待毙”，那有闲心情弄这劳什子？惟有取根草绳，把所有的破纸烂片束之高阁。到去年秋季重新开始作删校工作，接着是商量怎样印刷，接着是发稿子，校样子，到现在第一册书出版，离当初决意编印的时候，已有一年半了。

我把这部集子叫作“杂文”而不叫作“全集”，或“选集”，或“文存”，是有意义的，并不是随便抓用两个字，也并不是故意要和时下诸贤显示不同。我这部集子实在并不全，有许多东西已经找不着，有许多为版权所限不能用，有许多实在要不得；另有一部分讨论语音乐律的文章，总共有二十多万字，性质似乎太专门一点，一般的读者决然不要看，不如提出另印为是。这样说，“全”字是当然不能用的了。至于“选”字，似乎没有什么毛病，我在付印之前，当然已经挑选过一次；非但有整篇的挑选，而且在各篇之内，都有字句的修改，或整段的删削。但文人通习，对于自己所做的文章，总不免要取比较宽容一点的态度，或者是自己的毛病，总不容易被自己看出，所以，即使尽力选择，也未必能选到理想的程度。这是一点。另一点是别人的眼光，和我自己的眼光决然不会一样的。有几篇东西，我自己觉得做得很坏，然而各处都在选用着；有几篇我比较惬意些，却从没有人选用。甚而至于我向主选的人说：“你要选还不如选这几篇，那几篇实在做得不好。”他还不肯听我的话，或者是说出相当的理由来同我抗辩。因此我想：在这一个“选”字上，还是应以作者自己的眼光做标准呢，还是应以别人的眼光做标准呢？这问题没有解决之前，不如暂时不用这个字。说到“存”字，区区大有战战兢兢连呼“小的不敢”之意！因为存也者，谓其可存于世也。古往今来文人不知几万千，所做文字岂止汗牛而充栋，求其能存一篇二篇，谈何容易，谈何容易！借曰存者，在我以为可存，然无张天师之妙法，岂敢作“我欲存，斯存之矣”之妄想乎？

今称之为“杂文”者，谓其杂而不专，无所不有也：有论记，有小说，有戏曲；有做的，有翻译的；有庄语，有谐语；有骂人语，有还骂语；甚至于有牌示，有供状；称之为“杂”，可谓名实相符。

语有之：“文章千古事，得失寸心知。”“千古”二字我决然不敢希望；要是我的文章能于有得数十年以至一二百年的流传，那已是千侥万幸，心满意足了。至于寸心得失，却不妨在此地说一说。我以为文章是代表语言的，语言是代表个人的思想情感的，所以要做文章，就该赤裸裸的把个人的思想情感传达出来：我是怎样一个人，在文章里就还他是怎样一个人，所谓“以手写口”，所谓“心手相应”，实在是做文章的第一个条件。因此，我做文章，只是努力把我口里所要说的话译成了文字；什么“结构”，“章法”，“抑，扬，顿，挫”，“起，承，转，合”等话头，我都置之不问，然而亦许反能得其自然。所以，看我的文章，也就同我对面谈天一样：我谈天时喜欢信口直说，全无隐饰，我文章中也是如此；我谈天时喜欢开玩笑，我文章中也是如此；我谈天时往往要动感情，甚而至于动过度的感情，我文章中也是如此。你说这些都是我的好处罢，那就是好处；你说是坏处罢，那就是坏处；反正我只是这样的一个我。我从来不会说叫人不懂的话，所以我的文章也没有一句不可懂。但我并不反对不可懂的文章，只要是做得好。譬如前几天我和适之在孙洪芬先生家里，洪芬夫人拿出许多陶知行先生的诗稿给我们看。我们翻了一翻，觉得就全体看来，似乎很有些像冯玉祥一派的诗；但是中间有一句“风高谁放李逵火？”我指着向适之说：“这是句好句子。”适之说：“怎么讲法？”我说：“不可讲；但好处就在于不可讲。”适之不以我说为然，我也没有和他抬杠下去，但直到现在还认这一句是好句子。而且，我敢大胆的说：天地间不可懂的好文章是有的。但是，假使并不是好文章，而硬做得叫人不可懂，那就是糟糕。譬如你有一颗明珠，紧紧握在手中，不给人看，你这个关子是卖得有意思的；若所握只是颗砂粒，甚而至于是个干矢橛，也“像煞有介事”的紧握着，闹得满头大汗，岂非笑话！我不能做不可懂的好文章，又不愿做不可懂的不好的文章，也就只能做做可懂的文章，无论是好也罢，不好也罢；要是有人因此说我是低能儿，我也只得自认为活该！

还有一点应当说明，就是一个人的思想情感，是随着时代变迁的，所以梁任公以为今日之我，可与昔日之我挑战。但所谓变迁，是说一个人受到了时代的影响所发生的自然的变化，并不是说抹煞了自己专门去追逐时代。当然，时代所走的路径亦许完全是不错的。但时代中既容留得一个我在，则我性虽与时代性稍有出入，亦不妨保留，借以集成时代之伟大。否则，要是有人指鹿为马，我也从而称之为马；或者是，像从前八股时代一样，张先生写一句“圣天子高高在上”，李先生就接着写一句“小百姓低低在下”，这就是把所有的个人完全杀死了，时代之有无，也就成了疑问了。好像从前有这样一个笑话，说有一个监差的，监押一个和尚，随身携带公文一角，衣包一个，雨伞一把，和尚颈上还戴着一面枷。他恐防这些东西或有遗失，就整天的喃喃念着："和尚，公文，衣包，雨伞，枷。"一天晚上，和尚趁他睡着，把他的头发剃了；又把自己颈上的枷，移戴在他颈上，随即就逃走了。到明天早晨，他一觉醒来，一看公文，衣包，雨伞都在，枷也在，摸摸自己的头，和尚也在，可不知道我到那里去了！所谓"抓住时代精神"，所谓"站在时代面前"，这种的美谈我也何尝不羡慕，何尝不想望呢？无如我不愿意抓住了和尚丢掉了我自己，所以，要是有人根据了我文章中的某某数点而斥我为"落伍"，为"没落"，我是乐于承受的。

把这么许多年来所写的文字从头再看一次，恍如回到了烟云似的已往的生命中从头再走一次，这在我个人是很有趣味的；因此，有几篇文章之收入，并不是因为我自己觉得文章做得好，而是因为可以纪念着某一时的某一件事或某一种经验；或者是，因为可以纪念我对于文字上的某一种试验或努力——这种试验或努力，或者是失败了，或者是我自己没有什么成功而别人却成功了；严格说来，这种的试验品已大可扔弃，然对于我个人终还有可以纪念的价值，所以也就收入了。

全书按年岁之先后编辑，原拟直编至现时为止，合出一厚本，将来每次再版，随时加入新文；后因此种方法，于出版人及读者两方，都有相当的不便，故改为分册出版，每三百余面为一册。

承商鸿逵兄助我校勘印样，周殿福、郝犀、吴永淇三兄助我抄录旧稿，书此致谢。

廿三年四月十二日刘复识于平寓

（原载于1934年6月《人间世》第5期）

欧游回忆录

引言

光阴过得真快，今天已是一九二六年八月三日，回想到去年八月七日冒雨跨上本国的岸的一刻，已有些恍恍惚惚像梦中的情景了。在这整一年之中，我对己做了些什么？对人又做了些什么？若是我要学曾国藩做日记的法门，也就应该把自己骂得不成人样。但是，我究竟不是曾国藩般的大人物，我究竟没有他那种道德——切实地说，我读圣贤书虽然不多，可也读到了一个“诚”字：我不能像他那样的虚伪——我不能把我身受的痛苦认做了我的差误，犹之乎我不能把机会给予我的幸运，认做了我的光荣。听罢！城外的炮声，又在轰轰地响个不止。昨天已经响了一夜，今天已经响了一朝，现在太阳落了，又动手了。甲说：“王师”快要打灭“贼兵”了；乙说：看罢，不上几天，就见分晓了。管他羊咬杀狗也罢，狗咬杀羊也罢，我们在“这个年头”，正好比是一条癞皮饿狗，被人一脚踢到了泥团里，要爬是爬不起，甚而至于要叫一两声也被淤泥塞住了嘴，这总是事实罢，这总是实事罢！

在欧洲居住了近六年；在这近六年之中，几乎没一天不是穷得淋漓尽致的。那时与我同病相怜的，是我的朋友傅孟真先生。他有一次写信给我说："中国自有留学生以来，从未遭此大劫！"不差，他这话是很对的。但他的责任，只须能顾得一己就是了；而我所要顾的，却不止一己。因此我的回信说："可怜我，竟是自有生以来从未罹此奇穷大苦也。"

然而——这一个然而是应当大书特书的——穷苦正是我们的本分：我们既没有做贼做强盗的勇气，更没有做军阀做政客的福分与聪明，那么当你投生时，阎王老爷就在你额上用朱笔批上一个大"穷"字，也正是不胜应当之至！没有钱坐电车么？冷风里走上十里八里，身上也就有些热烘烘了。早晨进了图书馆，中上没有钱进饭馆吃饭么？身间带上两块小面包，跑出来到馆外廊檐下小嚼一会，喝上一两杯自来水，也就不妨攒眉苦笑，说"学人的生活，本应如此"啊。

在身体一方面的困苦是如此，在精神一方面所得到的安慰，却也可以补偿而有余。你要看书么？多着多着，只愁你看不完。你要向专家们讨教讨教么？有的是，只愁你不去。你无论到什么地方，在家里也好，出外也好，你总感觉着你自己是一个人，因为别人总当你是一个人，总当你是同他一样的一个人（间有例外处，后详）。即使有什么个流氓骗子要想骗你几个钱，他也总得要对你曲尽其妾妇之道，大运其生花之舌，结果只是他去做了非人，而你，你虽然做了冤桶，还仍处于人的地位；决然没有什么人敢于正大光明的当你一只狗，要剥你的皮，要吃你的肉，还要送你几声"草你妈，你是什么东西！"

可是，我自己也不知道为什么，在国外住得久了，就渐渐的忆想起本国来了。我那时也何尝不知道本国只是这样的本国，也何尝不从新闻纸中，看出这几年以来的本国，只是愈趋愈下，以至于不可收拾，也何尝不接到朋友们的劝告，说“你在国外能住多久就住多久，回国后只是惹得满身的乌烟瘴气而已”——但是，无论怎样，我总想回来看看。到了一九二四年的下半年，我就没一天不做着本国的梦了。

在去年一月二十八日写给启明的一封信里，有一节可以见出那时我急于回国的心情：

> 我因为不久就回国，心目中的故乡风物，都渐渐的愈迫愈近了。在报纸上偶然看到了观音寺、青云阁、琉璃厂等地名，心中总以为这就离我的大门不远，我可以随意去走走，花上一毛两毛，拾几本不相干的书。若然想到了朋友们，那竟是个个都到了面前了。你启明的温文尔雅，玄同的激昂慷慨，尹默的大棉鞋与厚眼镜，什么人的什么，什么人的什么……嘿！这都只是些幻觉，并没有什么“甘脆的mystic”！

明知本国糟到如此，而居然还有这样的急于要回国的心情，也就可以说是全无理由的胡闹了。但心情是心情，理由是理由，两者本不必互相依附，而且有时候竟可以背道而驰，所以结果，到写了这封信六个月以后，就有一天我冒着雨跨上了本国的岸了。

在那冒着雨跨上本国的岸的时候，在亲友们的欢笑与询问的中间，我心中真充满了无限的希望（虽然自从马赛上船，到过了波赛以后，已因受了外界的刺激，减少了许多勇气）。其实我的希望也是很简单的：只要能够关紧大门读书，能够把已得的方法，应用在实际的研究上；能够有钱把得到的结果印出来。在我上船之前，自己曾定了一个计划，某年作什么，某年作什么，以为这样办去，亦许十年八年之后，能有得一些成就。初不料我竟是打了“如意算盘”，竟健忘得连中国是什么一个国家也都忘去了，竟没想到在我们中国国境之内是什么希望什么计划都是无从说起的。他们自有他们的“精神文明”，他们用不着你这些劳什子。别说你在这种事上做不好，即使做好了，大人先生也要把你一脚踢开，小人先生也要同你闹尖头把戏，对你扮鬼脸。你说你要关上门读书么？你该有的面包份儿早已挪去喂了野兽，结果你只能“不务正业”，做你的流氓。你说要定一定心，思索一下么？炮声早变成了家常便饭，有时还要来上几声炸弹点缀点缀，有时还要青天白日摆出大圣大贤的脸孔来杀死三五十人，把热血溅到你身上，使你心惊肉颤，有时又传出了一张什么五十人或一百五十人的“保案”，使你将信将疑，莫知所措。你说要到外面去走走么？东安市场有时可以冷静得捉得出鬼，前门大街有时可以荒寂得如像家家都死了人，挂上兵的汽车碾死了人照例不偿命，穿虎皮的人把人打得头破血淋了照例是掉头不顾，还赔上几句“草你妈”，而旁边的黄皮大哥可是照例不理会，或者是从鼻孔中哼出一两声“走你的罢！都是你自己不好！”……唉，够了够了，不要再往下说了。总而言之，统而言之，我在没回国时是天天梦想着本国，天天梦想着北京；现在是天天梦想着欧洲，天天梦想着巴黎：我想着那没有一天不看见的Panthéon，我想着那没有一天不走到的Bd. Saint Michel，我想着了塞因河边上的破书摊子，我想着了我们实验室中那个有神经病的，看见了女学生就要小丑般的做鬼脸的老听差……可是，我的话是这么说，我可决然不是个“嫁给外国”的留学生（！），我也知道我们要在中国受苦，乃是先天注定的，是不可幸免的。不过，我既有幸运得在国外住过几年，则这几年中所过的人的生活，当然也就可以算得我的生命的帐簿中的一页。小仲马说：“凡是宏大而且纯洁的爱，在我身受的时候当然是一种幸福，便是到了过后去纪念它，也还是一种剩余下来的幸福。”（《茶花女》一幕七场）小仲马的话，虽然专指着爱，我的意思，却以为人生一切经历，都可作如是观。要是我们抚摸着以往的痛苦的瘢痕而能引起一阵的颤栗，那么，我们回味着当初的幸福，至少也总能鼓励出我们从烂泥团中抬一抬头或摇一摇头的勇气。因有这个理由，所以我就趁着今年暑假，一手挥汗，一手握笔，写成了这一部《欧游回忆录》，而且因有群益主人陈先生的帮助，这书居然能够印出，能够跑到了读者诸君的面前。

但是，有几点应当声明：一、如前所说，我不是个“嫁给外国”的留学生，我只能实说实，——要我谀颂外国人，我是不来的。二、我不是“通济隆”的接客茶房，我手头也没有什么Guide Book可以供我翻译或抄袭，我只能凭我所想到的写。三、我只是意到笔随的写：我并不要把这书写成一部文学作品，若是中间有什么一节两节带些文学的气味，也只能归之于“出自无心”。这个年头，这样大热天，也只能这样写写就算罢，还要希望什么呢？

启行以前

在六七年以后回想启行以前的事，也就渺茫得可以了。而且我所要写的是欧洲的事，而启行以前，可仍是中国的事：这又有什么可纪呢？不过这一年以来，已有过许多朋友或同学，写信或当面来问我欧洲的情形，尤注意是动身以前的种种预备。因此我想：我当初也是这样的东奔西跑走去讨教过许多人，结果是匆匆一谈，完全不得要领。现在我若将这种零零碎碎的事，用诚实的态度写出，亦许对于一部分的读者，可以有得些用处。

我劈头一句话，就是万事非钱不办。你若想"戳空枪"，结果必弄得你焦头烂额。当我动身时，正是勤工俭学说闹得极盛：什么半工半读的办法，做一年工读两年书的办法，几乎在个个青年的心目中，都开成了一朵美丽的幻想的花。平心而论，我对于这种种的办法非但不反对，而且对于倡议诸君的热忱与识见，也非常钦佩。不过事实上的"此路不通"，终于是无可讳言。一层，你要去做工，外国就未必能有充分的工给你做。英国报纸上常常闹着工人失业的问题，自然是谈也不必谈起。法国人口少，战后尤甚，情形自与英国不同。但是，你若说它竟是连工厂里的工人也缺乏得非用外国人不可，却又未必尽然。不过，若是你能想些方法，你也竟可以在什么一个工厂中找到一个位置；或者是你的腕力大一些，你也竟可以和工厂的主人或经理说明了，同时介绍十个八个工人进去，混和在法国工人一起做工。提倡勤工俭学诸君之所以敢于大声疾呼的提倡，其立足点就在于此。可是他们诸君，真不免有些"只知其一，不知其二"。他们不知道做工应有做工的资格，而勤工俭学也自有勤工俭学的目的。这一句话，或许要分别开来说一说才清楚。

所说做工的资格，质言之即是体力而已。而要去勤工俭学的青年们，却未必是个个能有得体力。自然，当他整装待发时，你若去问他：“你现在要到外国去做工，你做得来么？”他一定全不犹豫地说：“那有什么做不来？我什么都能做！”是。可是他十几年或二十几年以来所过的生活，就完全是小宝宝或大少爷的生活。莲子羹或杏仁汤是要他母亲调好了送到床前吃了才起身的。送个信是要叫高升的。打个脸水倒杯茶是要叫李富的。他已往的历史中就写满了这些事，现在忽然要他混在粗重蛮笨的工人一起，在机声轧轧中，做这做那，满头流着汗，满手满身沾着油，恐怕他没有望见工厂的大门就有点儿“嘴硬骨头酥”；岂特没有望见工厂的大门而已，恐怕还没有到法国，只仅仅上了船，看见了四等舱里的待遇不好，就不免要怨恨连天。别的不必说，单说那年（一九二一）吴稚晖先生带了许多学生同到法国去，船上的茅房闹脏了，诸位大少爷们有的是掩鼻叹气，有的是顿足痛骂，可从没有什么人能够发明茅房脏了是可以洗得干净的。结果还是吴先生自己去提了一桶水来，借了一个刷子来，苦了半天工夫将臭茅房洗净了，而诸位大少爷们可从此多了一个谈助了。甲说：“吴先生的茅房可洗得真干净啊！”乙说：“老丈的洗茅房，本是自命不凡的！”呜呼！此吴老先生之所以不可及，惜乎他把别人都看作象他自己一样的人，就不免碰了一鼻子的灰了。

但是，我也不能完全冤枉了人，我也不能说凡是从前到法国去勤工俭学的都是大少爷：就我所知道的，中间也真有几个是刻苦耐劳的好青年。可是，无论如何而又无论如何，勤工与俭学终不能并行而不悖。我有一个学生，苦也吃得，蛮气力也有得，曾在工厂里做过三个月的工；后来向我说：“要做工就不能想读书，要读书就不能想做工。因为在工厂里的时候，虽说是每天做工八小时，只占了一昼夜的三分之一，实际在你没有做工习惯的人，要在工作上注意到八小时之久，就把你所有的精力完全吸收干净了。到你出工厂时，竟是惘惘然的不知天东地西。胡乱吃了口晚饭，一滚就滚到床上，连鞋子都不想脱。明天天亮，正还是困得好，就不由的你不努力重新爬起，再是机械般的往工厂里走。结果是三个月来，竟没有能翻一翻书。若要长久下去，恐怕非但不能在法国读到书，便是从前在中国读到的一点书，也不免还了先生完事。”如此君所说，可以证明半工半读之不可能。至于做一年工读两年书，也不过是从“朝三暮四”改成了“朝四暮三”。一层，俗话说得好：“拳不离手，曲不离口。”青年时代的读书，断断不能有得一年的大间断，而况如前所说，这种做工的间断乃是连书也不能翻一翻的绝对的间断。二层是，如果要做一年工读两年书，必须是做一天的工所得的工资，除去了做工时必要的房饭零用以外，剩下的钱，还可以够得做学生时的房饭零用书籍学费等等的两天之用。这个简单的计算，是无论如何打不倒的。而据我在法国时候的情况说，普通工人所得的工资，每天不过二十法郎左右（也有少到十一二法郎的，也有多到三十七八法郎的，今取其最通常之数）。这二十法郎之中，除去房饭零用至少十法郎，则所余的也是十法郎。但是你若要把这十法郎移去支持学生时代的一天，是万万不够的，因为无论在巴黎或在里昂，做学生极苦极苦，也要五百法郎一月。这样一算，做工一年，至多也只够读书半年了。而况青年人能否贮蓄金钱，也是问题。“钱在手头，食在口头”，国外的诱惑又多，你若说你能把你做工时候衣食住所余下的钱一起存起，一丝不漏水，我也自然不得不翘起大指来向你说声“南无温”。无如六天的工做完了，你说你苦了，你要慰劳慰劳你自己了——当然，这是应当的：我们不能专叫我们的躯壳老义务而不给它些权利，犹之乎我们不能专把机器乱用而不给它加上些油——于是你就搭上几个朋友，坐了电车到城里去走走：有什么小书或小玩意儿买一点；有什么戏或影戏走进去看一看；咖啡馆里坐一下，吃上两个粉角儿；晚饭总是要吃的，走进中国小饭馆里去来一个“四方五”（方即法郎之疾读）；今天的饭菜可太不高明，添些什么罢，又是个“两方”“两方五”——这是最爱好的苦恼子的星期消遣法，而到你坐了电车回家时，腰包里十方一张的票子，也就少去了两张了。若是你说，进城没有什么意思，找两个朋友打场小麻雀罢。二十方一底好不好。好。那就糟，到一场完毕时，也许你急得眼睛里要冒火了。等而下之，若是你眼看得法国多美妇人，未免有情；或者是你以为无论什么地方，即如“水晶宫”“天堂”“地狱”等处，也不妨去见识见识，——这也有什么关系呢？我们的乃圣乃贤的“孤桐先生”，也还有《巴黎观倡记》之作，更何论馀子碌碌呢？不幸的是，即使你不流连忘返而仅仅是逢场作戏，你腰包里的青蚨，也不免一只只的往外飞。归根结底一句，你若要储存着做工时余下的钱备他日读书之用，是万分困难的。我也并不说这件事是绝对的做不到；如真有艰苦卓绝的人，也当然可以用勤工俭学的方法，求得极圆满的结果。不过就一般人而论，总不免戛戛乎其难哉。

时至今日，勤工俭学四字，已几乎成了个过去的名词，所以我以上所说，也已不妨看作一篇史论。不过有时候，还有几位热心的青年，来向我探听这件事的究竟；也有时候是做父兄的人，来问我能不能给一部分的学费，余一部分由他子弟自己去找个以工助读的方法。既承他们恳切的来问我，我的义务就不容我不把这一件事上的种种方面的情形和盘托出了。

上面啰啰苏苏说了许多，只是说明非钱不办四个字。那么究竟要用多少钱呢？这可是个人家所急欲知道而又偏是个不易回答的问题。人家之所以急欲知道，理由是很简单的，无非是在留学之前，在经济上必须先有个通盘的计算，不要到临时吊了脚。至于难于回答的理由，却有两层：

一层是生活的奢俭，各自不同。你若是到了欧洲，只是为读书起见，余外什么都可以随随便便，苦吃，苦穿，苦住，苦用，只要无害于你的读书，那么，这一笔钱，在穷措大看去当然也要吓得一跳，在小康以上的人家，究还不难勉力筹出。若是不幸，你到了欧洲还要保存着你的大少爷的庄严；或者是更不幸，象我在伦敦时所看见的某先生一样，他在留学生时代就在预备作将来的顾维钧，今天请人吃茶，明天请人吃饭，碰到有人来借钱，也大慷而特慨；或者是更不幸，你要大摆其臭架子，像当初林长民在伦敦时一样；或者是更更不幸而且不肖，像某先生在法国冒充为中国的亲王，某先生在比国冒充为中国的附马……那么，你府上既然有了钱满之患，也当然可以用不着我说什么了。

第二层是欧洲的情形，并不是一成不变的：物价也在天天的变，兑汇也在天天的变。举一实例。当我出国之前，因为完全不知道伦敦的生活是怎样，心中惴惴然，恐怕到了那边钱不够用，于是写了一封信，去请教一位先生。那位先生虽然离开了英国已有三五年，可是直到那时，还有许多亲戚朋友住在伦敦，对于伦敦最近的情形，当然是很清楚的。过了几天接到他回信，大致说，你们夫妇俩带了三岁的小孩到那边去，每星期房饭有三十五先令已够，至多不过三十七先令半便了。这真给了我一个好消息。因为三十七先令半不到两镑，宽算一笔，每月不过十镑，而我的官费，每月就有二十镑，再加学校方面的津贴一百二十元，也可换到四十多镑（彼时镑作二元七八至三元）。房饭之外每月可以有五十多镑的剩余，岂不可以大买其书！可不料一到那边，就弄得叫苦连天！最初住一家小客店，房饭每天一镑，吃不消。换住一家人家，管房不管饭，每星期二镑二先令，外加煤火五先令，住不来。再换一处，房价每星期三镑三先令，余外一切自管。这样，单是房子一项，每月就要十四镑多，已经够窘的了。可不料不上一个月，镑价大涨，由三元而四元以至于六七八元，于是我的一百二十元津贴，就无形的减剩了三分之一——这那里还能支持呢？

不过，那时正是在欧战初停之后，欧洲全体，完全在经济的恐慌之中，所以在极短的时期里，物价与金价，都有极暴的变动。现在的情形不同了，虽然变动还是变动，可决没有当初的大起大落了。

现在欧洲各国，经济情形日趋稳固的，当然要首推英国。在经济上用手腕，本是老气横秋的英国人的特长，可以无庸多说。至于德国，在一九二一至一九二三年之间，真是闹得岌岌不可终日，后来用了特别手腕，也就慢慢的向稳固的路上走。瑞士在战时没有受到什么影响，所以始终保持着它的山水明秀、幽闲自适的态度。这三国的经济情形既然差不多，所以我们要到这三国去留学，所花的钱也大致不离左右。不过，我对于德国的最近情形并不十分清楚（因为我在德国时，正是一九二二年的秋冬之交），对于瑞士尤其茫然。就留学这两国的朋友的来信看来，似乎瑞士比英国更贵些，德国又更贵些。我想，若是我们把留学伦敦所需的费用做标准，就这标准上加上四分之一到瑞士去可以不愁不够；加上三分之一，到德国去也就可以对付了。

在伦敦留学，就不苦不甜的学生身份来说，总要二十镑一月，苦一些，也不能少于二十镑。（照现在九元左右的镑价算，便是一百三四十元至一百七八十元。）因为一个人的房饭，三十五以至四十二先令一礼拜，只是中常而又中常，然而只此一项，每月就要近十镑了。余下的钱，学费及书籍就该占去一个重大部分。因为伦敦大学的学费，无论你考取了正科生也好，或者只是随便选听功课也好。每年要你付上一二十镑以至三四十镑，却是极平常的事。把这一二十镑以至三四十镑摊算开来，每月就派到了一二或三四镑了。至于书籍，姑把参考书抛开，单就教科书而论，小小一本要你三先令六，大一点的要你七先令六，专门一点的要你十先令六或十二先令六，再专门一点的就要对你不起：二十一先令。在开学时依了先生的指定，到学校旁边的Lewis书店里去小小一配，保管你书还没有看见什么，放进你那只棺材式的硬壳手提包里去还没有能放满，而你身间的￡1的票子，可怜已经少去了不少张。在此处我要插讲一件事。就是每当放假之前，考试之后，伦敦大学里不免有一两次拍卖旧书的盛举！这所拍卖的书，可并不是什么价值几万几十万镑的莎士比亚或却瑟的手稿，只是刚刚用完的，前两三天还被物主拿在手里埋头细诵的教科书。拍卖的地方就在大学讲堂里，买主卖主也就是学生们。价钱可真便宜：新一点的抵原价十之五六，破烂一点的只十之一二就可以。在我们想：只刚刚一考过就把教科书卖掉，甚而至于几先令买的只卖着了几个铜子，真未免是不肖之尤。不错，其中当然有许多不肖；可也有一部分是苦恼子的学生，他们一面把用过的书拍出，同时看见有什么下学年要用的书，就随手拍进。这样年年调换，就可以省去了不少的买书钱，虽然一进一出之间，不免要赔贴了些。但是这种办法，只能适用于英国学生。我们中国人，却只能在拍进上去沾些便宜，若也要拍进拍出的滚，是不上算的。因为英国学生，他把书卖出去了，只是小小不便当一点；他若要再看此书，却随时随地可以到图书馆中去看。中国学生如果也学了他们的样，把所用过的书完全卖去，到将来回国后，一旦有什么不清楚的地方要翻检翻检，就吃了大苦了。

除房饭学费书籍之外，衣履每年必须添补一点，而车资一项，也不得不开作正项。因为在伦敦读书，通常总住在城外。（城里近学校处，虽然也可以住得，可是房饭太贵，而且空气不好。）从城外到学校，无论是乘电车，是乘地道车，是乘公共汽车，至少总要五六个便士一次，一来一往就一先令，一个月就一镑半，在十五镑之中，又占了个十分之一。再以外，就没有什么正项开支了。然而无谓的费用，总不免要有一点，例如难得到郊外去旅行一下；或者是吃一两顿中国饭；或者是到戏馆外面去拖一下“辫子”；或者是有什么个朋友从大陆上来了，要办一个小小的码头差；或者是不幸害了病，要请医生吃药……把这些零零碎碎地加起，不是二十镑未必甜，十五镑已经够苦了么？

往英国留学，除伦敦外，还有爱丁堡可以去得。这地方我没有到过，不过许多朋友都说：爱丁堡大学的功课不亚于伦敦，用费却可以省到四分之一。这话大约是不差的：我们只消把近中出版的学术书报略略翻一翻，就可以看出爱丁堡方面在这上面的贡献，也着实可惊。而爱丁堡是个比伦敦小一点的都会，用费自然可以减省一点。

至于那两个大名鼎鼎的大学：剑桥与牛津，却可以谨上尊号曰“冬瓜大学”！诸位在夏天总吃过冬瓜的：庞然的一大块一大块，堆得满满的一碗，要是加上些火肉，也就可以名贵异常，可以放进极丰盛的筵席。而实际呢，却是淡而无味。傅孟真虽到剑桥去看过，回来向我摇头叹气的说：“这那里能算得什么大学，只是东也一座破庙，西也一座破庙而已！有几处地方算是讲堂的，连桌子板凳都破了。有许多处简直连天花板都破烂了一大块一大块的挂下。”这种的破破烂烂，却并不是由于办事人的插烂污，也并不是由于没有钱，只是故意的以老卖老，犹之乎现在北京市上，也有许多少年老成的怪物，努力的要从囚首垢面中，显出他无上的高傲。所以，你千万不能看不起它的破破烂烂，——尽可以是一扇要不得的破门，可还是十五或十六世纪的，要值上几百或几千镑；或者是一把黄锈不灵的锁，又是十三或十四世纪的，又要值上几十或几百镑。在这种的情形之下，办事人和教员们的脑筋的腐败，已经灼然可见。就说是他们在学术上也有过相当的贡献，而所贡献的却也不过是些旧东西，或者说，是他们的“国故”，有如希腊拉丁盎格鲁·撒克孙希伯来的文艺或掌故等；对于新的事物一方面的贡献，当然我们也不能说是完全没有，可是即使有，也就微乎其微。然而，这还是就做教员的说；若就学生方面讲来，读书一层，更当置之脑后。原来这种学校所施行的教育，开宗明义章第一，便是使学生有“良好”的学校生活，而这种的学校生活，质言之，即是预备将来做贵族，做阔人的生活，——进这学校的人，也当然一大半是预备做贵族，做阔人的人，其中太子也有，王子也有，公侯伯爵家的少爷，尤占多数，请教此等大阿官，要他读书，谈何容易。然而读书可以不必，阔人的臭架子不可不学，尤其是牛津或剑桥的头衔，是阔人身上少不得的点缀品，于是乎彼以此求，彼以此应，数百年来，就造成了这种宝贝的学风。你也要进这种宝贝学校么？如果你将来并不要做么国务总理或外交总长，我劝你可以不必。如果你震于牛津剑桥在学术上的虚名，要进去试一试，自然也由得你，而且说不定你也竟能做成一个高贵派的学者。但是，这两校的高材生著的书，我也读过了几本：内容不过尔尔，而文章可做得千回万折，象煞有介事，结果只还是说了那几句敷浅浮薄的话，令人看到末了，不免学着吴稚晖先生长叹一声：十六两还是一斤，半斤还是八两！去罢，你去试试看罢！费用却也不多：省俭些每月有五十镑就可以敷衍，每年不过五六千元：这在你老兄，大概不在乎罢！

现在要渡过一条海峡，从英国说到法国去了。法国是个中央集权的国家，种种事业，都是中央胜于外省，所以巴黎大学，也就成了个全法国第一个大学。巴黎大学之外，里昂大学也很好，尤其是在医学方面；又史太司堡大学（Strassbourg），自从欧战时从德国人手中收回以后，接办的人也异常出力，几年以来，成绩颇有可观。此外各大学，虽然未必就是“自郐以下”，可总不免是局部发达而不是全体发达。我们常常可以听见说：某大学的数学或物理好，因为有某人某人在里面当数学或物理教习，——就这一句话里反看过去，就是某大学除数学或物理外都不行，因为其他的教习，都不免是“余子碌碌”。这种情形在巴黎大学是没有的，它里面每一学科，总有一个两个刮刮叫站得稳的教员：进了巴黎大学，决然不至于会有学了这样学不着那样之苦。而况巴黎除巴黎大学之外，还有最有名的国家图书馆和法兰西学院，还有种种的学院（Instituts）和学会（Sociétés），无论你要研究什么或参考什么，总是“近水楼台”，不比在外省的，处处要感觉着“孤陋寡闻”之苦。所以要往法国读书，总是往巴黎的好。

巴黎的费用，比英国便宜得多。就我去年六月离开巴黎的时候说，每年能有一千元，已就不很苦，大约可以比在伦敦每年用二千元的生活，还要舒服一点。一千元，就当时每元换十二方算，可得一万二千方，即每月一千方。

这几年以来，在巴黎做学生的所感觉到的最苦的一件事，就是大学区城中房价的飞涨。当我一九二一年初到巴黎的时候，每月有八九十方，还可以租到一间小房子；有一百五六十方，就可以租一间一个人住的很舒服的大房子。后来渐渐涨价，到去年春夏之交，小房子总要一百四五十，大一点的总要二百五以至三百。所以房子一项，预算不能打得太紧，至少总要算二百。吃饭，有中国小饭馆可包，每日午晚粗饭两餐，每月二百；早餐自己随便泡壶茶，吃些面包，每月有五十方，就可以吃得很不坏。因此房饭两项，可以打上个四百五。此外，车钱是没有的，因为在巴黎读书，大都住在学校附近，和伦敦的情形完全不同；书籍也比英国便宜得多，小本的只十方八方，大本而且专门的，至多不过三四十方（这也只是就教科书说，要是精本的文学书或大部的参考书，自然也有卖到二三百方一部的）。至于学费，就文科说，真比中国还便宜。当初文科学费，每年三十方，实验无费，只是中国内地小学校的价钱，可算全世界没有再便宜的了。自从一九二四年下半年起，文科学费加为每年七十；如要认修实验功课如心理学之类，每学期加费二十五，每年以三学期算——两项并计，每年还不过一百四五十方，还比北京大学本科学费便宜一半。不过这个便宜只有文科生能占得。如要进理科或法科，学费就要贵上三五倍；医科药科及工业专门学校更贵。因此，前文所说每年一千元，在文科生已经绰乎有余；在理法科生，平时零用上就应当谨慎一点；在医学及工业学生，就不免有些拮据，最好能多筹一二百元一年，就不至于到了每年开学时闹饥荒。

以上所说，是指巴黎而言；若在外省，还多少可以便宜一点。比国的生活，比巴黎略略便宜，不妨看作法国的一省，便就地理，文化，以及语言，文字，风俗各点看去，也竟不妨说：比国是法国的附庸，虽然它在政治上分明是个独立国。到比国去留学，只有工业方面可以学得些东西，其余文学，艺术，医学以及各种理论的科学，大都无甚可观。记得三年前，蔡孑民先生因为要带了他的公子柏林世兄到欧洲去学工，写信向吴稚晖先生打听欧洲的留学情形，吴先生回信中有一段说：

> 最近有仅挟所谓中国学校上中教育程度者问我，彼云言乎教育之方法则美胜，言乎教育之学理则德优，我学教育学，我将安适？弟笑谓之曰：二者皆无与于公事。公所顾者，仅区区所设大学知识而已。于美于德，皆足以答公。公但酌乎自己之现状，去美便，即去美，去德便，即去德。追至究及胜与优之时，美之方法家不懂得德之学理，安称大师？德之学理家不懂得美之方法，亦安称名家？德美仅隔大西洋一衣带水耳，公今任往何一国，毕业其所谓大学。迨说得到胜与优，更往来各地研究，此本来不可少。其人乃不甚了了而去。凡国内不自量力之学子，及一窍不通之父兄，无论对何学问，皆先作此计较。而且许多留学生即本此观念，而为欧美之相非，东西之互讼。此正如止在总督衙门及将军衙门里挑水，倒各自铺排那一衙门的体面，何与于公等之事而为此扰攘耶？

这一段议论，我也未尝不可以相对的赞成，但切实说来，盲目的留学，实在是不甚经济的。你若说，欧美的大学总比中国的大学好；欧美大学的教师，总比中国的大学教师好；所以到欧美去进任何一个大学，总比中国的大学好，——这话当然是无可否认。但是，你不该常把中国的学校来做比证，犹之乎予弟在学校里读书，暑假考了个三十分回来，你气得不知所云，他若向你说："还有考五分的哩"，你岂不要气上更气么？所以，在留学之前，对于所要去的地方，和所要进的学校，即不能有精密的调查，至少也要大体打听一下（而且要打听同行专门家，若然你自个学心理的，而去打听了一个法政先生，便是“造屋请教箍桶匠”，不如不请教之为妙）。要知道欧美——尤其是美——各国大学与大学间，或大学教授与大学教授间，其程度之相差，真有不可以道理计者。蒋梦麟先生在巴黎时向我谈过：美国有许多私立大学，其中教授先生，真是高妙到了极顶，他若曾在耶鲁、哈佛等有名大学中的暑假补修班中听过讲，也要在名片上堂而皇之地刻出来，其余也就可想！然而此等教授先生的谦恭，也自有不可及。你若要进他学校，只须写封信去告诉他们几时进校，他可以到车站接你！过后呢，你有的是学费，他有的是文凭，两方公平交易，三个五个月一张，不过一年你也居然就是Ph.D了。这种情形，在欧洲是不大有的。可是我自己就碰到过虚有其表的教授或讲师先生：他或者根本就是个不甚清楚的低能儿，或者是个胡涂而又胡闹的神经病者。要是碰到了这种人，你也“见佛就拜”，那就要对你不起，把你一领领到了迷途上，你从此再不能有头脑清楚的一天。吴稚晖先生之意，似乎很看不起“区区所谓大学知识”，不差，大学知识当然是区区而且当然是可以看不起的。不过，树是从根上生起的；要是你的知识之树的根上就生了蛀虫，你即使后来能到各国去游历研究，也决不容易把原来的蛀虫剔去清楚。而况事实上，大学毕业之后再往各国去游历研究的，往往只是徒有虚名，往往只是此国十天彼国八天的匆匆一看，就整理行装回国了。

因说留学费用而拉拉扯扯的说到此处，也就应该收场了。可是还有一句话应当补说：前文所说留法费用，是指去年七月以前我将要离开法国的时候的情形。这一年以来，法国的财政问题，闹得满城风雨：法郎的价值，大跌而特跌：现在国币一元，可换二十方左右；有过一次，竟换到三十方。因此有人问我：现在到法国去，想来比从前更便宜了。是。我虽然不是学经济的，但就经济上说来，币价跌，物价当然涨，而这涨跌的速率，却并不是同等的：通常总是物价涨，没有币价跌的快。所以就目前说，币价已经跌到当初的二分之一，而物价所涨，也许还不过十分之一二。照这种情形，自然是现在的留学费用，可以比一年前减省不少。不过，币价是可以恢复的，而物价涨了上去，却不易回跌；结果也许再过若干时之后，生活比从前更贵了。要是币价继续着跌，这个恐慌当然可以没有。不过，当年德国马克大跌的时候，德国政府曾想出了种种方法来刁难外国人，有如外国学生进大学要付特别重费，和外国人进戏院进博物院要付十倍的券价的之类。法国是个国家主义极占势力的国家，也许真到了法郎价一落千丈时，这种现成的文章，也不免要抄袭一回。所以，无论如何，你即使目前能减省，也必须有相当的预备，免得到了临时走投无路。我这一份话，也许不免要受到热心留学的人或热心提倡留学的人的呵斥，但是，我在欧洲时不幸竟看了因经济上的痛苦而急得发疯或忧郁得害肺病的人，我总觉得还是老老实实说的好。

留学的经费问题已经说完，现在就可以说到预备动身了。不过动身以前，还得请诸位自己考量一下。老实说，我是不主张泛留学的。我以为有一个留学生，就要有得一个留学生的用处。若然只到外国去玩玩，过几年挂了个留学生的头衔回来，或者手臂上吊了个外国女人回来，以为留学之事，就此完了，那我就不妨干脆的说：中国再派上一百年的留学生，再派上一百万个留学生，结果于中国的文化上，必还是半点影响没有。所以区区之见，以为可到外国去留学的，只有两种人：一种是初中或高中毕业，预备到外国住上十年八年，先进中学，次进大学，直到受完了最高的教育回来；一种是已在大学毕业，并已做了不少的研究工作，预备到国外住三年五年，吸收些最新的理论与方法，以备回国后继续研究。这两种人，前一种是我们理想中的将来的学术上的中坚人物，后一种是现在的学术上的中坚人物。派留学生必须有了这样的意趣，做留学生的人必须有了这样的志愿，夫然后才可以说得不虚此行。要不然，尽可以今年是一船一船的装去，明年是一船一船的装回，我们也只能向他们拱拱手，说声“辛苦辛苦”而已。

但是我这一番话，一定没有许多人能赞成，——至少至少，现在还没有许多人能赞成；所以我只说了一点，连忙收住，而且赶紧声明，“如果诸位不赞成，就算我没有说”，且让我们来预备动身。

动身之前，第一要事就是改装。其实不改装也尽可以：我在巴黎市上，曾经看见过满身血红的喇嘛，曾经看见过宽袍大袖的阿拉伯人，而且也曾看见过穿着哔叽夹袍的中国青年，当时既没有人去干涉，也没有人去注意。然而，这只是在巴黎而已，如在伦敦，少不得要有许多无知识的小孩和下女，跟在你后面乱笑乱嚷。所以当初王尔德穿了古怪的衣服在伦敦市上招摇，伦敦人给他吓得一跳，他古怪的声名，就从此传遍了全英了。后来他到巴黎去，也如法炮制起来，巴黎人可睬也不睬他，结果是他的方术就算完全失败了。可是，你若真要在伦敦穿中国衣服，也自然没有人来干涉你。譬如太谷尔到了伦敦，仍旧穿他的印度大袍，戴他的印度帽子，又如我们的何东爵士，前年到伦敦去参与英国的殖民地博览会，英国政府勒令他非穿中国的衣服不可，他也就很光荣的大穿大戴起来了！

不过，怪事究以少做为是。装是要改的，只须知道改装这件事，在根本上原是不值得一笑的：什么文明的衣服，世界上最普通的衣服，大同的衣服，等等等等，有人喜欢这么说，也就听他们去说便了。

改装要花多少钱？七年以前我友疑古玄同先生曾把这问题请教了吴朱两先生。吴先生的答语是：大约有十六元就够；朱先生可说：总要有二千元才行。吴先生的理想，以为做上衣可用中国南方乡下女人所织的大布而染以黑色，做裤子可径用她们所织的柳条布，裁制当然要请教军装铺，衬衫硬领皮鞋之类，或者竟不妨乞怜于北京路：这样，有得十六元，自然也就可以凑成一身了。朱先生却取了别一个标准，他不但在什么便服礼服早服晚服上讲究，便是一缝之微，一钮之细，也要闹上许许多多新式旧式的花头：这样，二千元也当然只是勉强敷衍而已。

当初我出国时，自问没有吴先生那种俭德，可又没有钱，不能像朱先生那种阔气，只得酌乎其中，勉力办了七百多元的西装：什么礼服早服晚服之类，都置了一套，略略点缀，又因我们在中国时，冬天棉袄之上穿皮袍，皮袍之上穿马褂，马褂之上穿大衣，大衣之上再绕围巾，如在北方，坐在包车里，包车之上还要穿上一件青布大棉袄！——这种的事在欧洲是办不通的，非在衣服上小有预备不可：于是在通常衣服之外，再预备了一件猎衣式的皮袄，一件狸皮大衣，一件舍利孙大衣。不料这竟是花了冤钱，到了那边完全用不着。

原来在国外做学生，如果只与同学或教授学者们来往来往；你只须有得一身便服，就无处不可以走得；至多也只须再有一身晨服，以备贺喜吊丧之用。我在欧洲近六年，穿晨服的机会只有过四五次，其余大礼服、燕尾服、吸烟服之类，直到今天还是压在箱子底里没有上过身。你若拿什么一部“礼仪须知”“交际须知”一类的低能书来翻翻，你不免要震骇于欧美人士在饮食起居衣饰之上，竟有如此之多的条文，而不知此等条文只为大人先生及“职业的交际家”设，不为吾等一品大学生设也。

至于欧洲的天气，尤与中国大不相同。以巴黎而论，冬天结冰的时候很少：室外温度，通常总在百度表八度至十度之间；室内不必说，拢了火，至少也总在十五度以上。夏天呢，通常是二十一二度，热一点是二十四五度，亦许一年之内有一两天是二十七八度，若然难得到了三十度以上，已是了不起的大热天了。因此，夏天的白衣服与白皮鞋，在巴黎伦敦柏林是看不见的，最讲究的人，也不过穿条蜜色的法兰绒裤子。草帽虽然有人戴，不戴也全不算事：我在欧洲就从没有戴过。要知道白色的洋服，在欧洲人并不看作正式的衣服，却看作热带上用的衣服，所以你若是在巴黎或伦敦市上也穿起热带上的衣服来，恐怕人家看了反不免有些奇怪。至于冬天，温度既在零点以上，也自然用不着穿皮衣服。假使有一套厚呢便衣，里面穿上卫生衫或绒绳衫，外面穿上件驼绒里子的大衣，即使是最冷的冷天也可以坦然的过去了。不过中国人的怕冷，可算得世界上最古怪的一件事。据说章太炎先生说过，中国北部的文明，完全牺牲在一张炕上，因为北方人的脑筋，被睡眠时烧炕烧坏了。这句话虽然未免说得过分，至少也总说中了十分之五六。但是我们南方人也何尝就能以五十步笑百步呢？身上穿得圆圆的像一个打足气的皮球，皮肤的抵抗力完全消失，神经日趋于麻木，——至少至少，中国南部的文明，也总在这皮儿袄儿中牺牲了一点罢。说也有趣：我当初每到冬天，原也是个把皮儿袄儿向身上尽堆的宝贝。后来出了国，第一年在伦敦过冬，还带着些本国风光，在家烤着火，还要穿件薄皮袍，出门当然要穿皮大衣。第二年到了巴黎，这习气就改了一大半。第三年以后，就再没有穿皮衣。我夫人更改变得利害，她在一九二四年，竟只是一件夹袄一条单裤过了冬天。然而人家要说，这是巴黎的天气啊！诚然诚然。可是最奇怪的，我们去年回到了北京，一冬天也就没有穿皮衣服；在家只是一件棉袍，出外披上一件呢大衣，既没有闹出什么鸭屎臭的伤风伤寒症来，而且身体分外强健，分外爽快。因此我可以郑重证明，中国人怕冷而喜欢堆衣服的习惯，真是个要不得的恶习惯，非但要出国的人应当借此改去，便是在本国的人也应当渐渐的改。

如上所说，可知到欧洲去，只须备厚薄便衣各一身，厚薄大衣各一件；如果再要减省，冬天稍稍挨点冷，夏天稍稍挨一点热，则一套薄呢或藏青哔叽的便衣，尽可以一年穿到头，冷热用外面的大衣和里面的衬衣做收缩，也全没有人觉得你寒酸。（中国人穿衣服是有“谱”的，所以夏天忽然冷了，里面衬了夹袄，外面还得罩上夏布大衫；外国并无此“谱”，你只管依着你自己的冷热穿去就是。至于夏天穿的白衣服，如果你打西比利亚走，就完全可以不备，如由海船走，就应当备一身，以备一路停船时上岸之用；在船上，却尽可以大穿其中国衣服。可是衬衣衬裤应当多备一两套，袜也应备半打以上，因为经过热带地方，非此不够逐时洗换也。

如上所说，大约治装费一项，省俭些有一百元就够，完备些也不过一百六七十元以至二百元。这还是就男生说；若是女生，那就无所谓改装，因为在欧洲的中国女人，除一二特别喜欢出风头者外，大都是穿中国衣服的。不过帽子非戴不可，皮鞋非穿不可。中国女人出门不戴帽子，在欧洲人看去是很奇怪的。欧洲女人除晚上穿了礼服赴跳舞会或进戏馆时可以照例不戴帽子，只在头发上结一条丝带外，其余无论什么时候，要出门，就得把帽子戴上。在菜市中买菜，我们也可以看见许多不戴帽子的女人，但这都是下女，老妈子，车夫太太，门房太太，邮差太太之类，而且也只限于在近家的菜市中买菜的时候；若是她们要到公园中去坐坐，或是上热闹的地方去走走，那是无有不戴帽子的。在德国还有这样的一个风俗：要是下女独自出门，那就由得她自己，戴帽子也好，不戴帽子也好；要是跟着主人同走，就只得秃头，不许戴帽子。就这一件事上，我们可以看出帽子的重要，虽然是毫无理由可说。至于皮鞋之重要，恐尤在帽子之上。在伦敦和柏林，不穿皮鞋而穿拖鞋的人，我几乎没有看见过；在巴黎虽可以时时看见，可也只限于下女老妈子之类。而且这所谓拖鞋，也只是呢或布所做的鞋子，就是我们中国人所穿的鞋子；至于中国人的没后跟的拖鞋，却是东方的特产——在南洋一带尤其盛行——

在欧洲是极少见的。

现在要说到办护照买船票等等了。护照这个怪东西，战前只有俄国用得着，到了战时，各国恐防奸细混入国境，采用了这种“良法美意”，原只是一时权宜之计。不料现在停战已经多年，这个劳什子不特依然存在，而且一天天的变本加厉，又是什么缘故呢？干脆言之，只是“此中有利可图”而已！我们出国时，原来打算是从上海一直坐船到伦敦的；而且坐的是日本船，一路所经，只有英国殖民地，并没有法国殖民地，所以我们的护照上，只有英国公使签过字。后来开了船，海中虽然没有风浪，我夫人可是晕船晕得要死。到船近马赛，听说大西洋里的风浪，是终年险恶的，深恐一个已在大饿大呕中支持了三十六天的人再受了大风浪不免有性命的危险，就连忙改变计划，决从马赛上岸。这时候，战事虽然已经完毕了有一年多，可是各方面都还显露着战时的景象与恐慌，德法间的邦交，也还没有恢复，因此我们大起恐慌：这一张未经法国公使签字的护照，如何可以在法国码头上通得过呢？不料那天晚上，船一靠岸，就有一个法国巡警跑上船来守夜，我们把这件事问他，有什么办法没有？他说：“你们上岸就是了，法国境内是不验护照的。”明天我们上岸，居然从马赛到巴黎没有人查；再过一天从巴黎到伦敦去，出口时也没有人查。因此我们大大的感谢法国人，以为这样真有点儿泱泱大国之风。可是，你且慢慢恭维。到一年之后，我们从英国搬到法国，就给伦敦的法国领事馆敲去了一金镑；进口时不容说，自然有一个专门检查护照的人。自此以后，我每要出国，就必须先到巴黎的中国领事馆，次往法国警察厅，次往所往国的公使或领事馆；到要回法国时，又必须照样的跑上三处。其中最不通的一件事，就是回法国时也要验护照；因为我在法国住久了，居留证早已办妥，就情理上说，他既许我居留，则我从国外回去，只须给他看一看居留证就是，而实际上，这永远性的居留证却不能作准，仍必须要照普通的旅客一样，以护照为凭，这不是不通到万分么？然而，你每拿护照去请签字时，总要报效他几个或几十个法郎，就他说，能到手几个法郎总是好的，自然也就无所谓通与不通了。但是，假使只花去几个冤钱，也就可以不必多说；最可恶的是要你跑，要你等：你每一处总得跑两次，第一次把护照交给他，第二次取回；每一次，至少要你等上一二十分钟，人挤的时候，等一两点钟也说不定。而且，这些鬼机关，并不聚集在一块，却散处得老远老远；各机关的办事时间，也各不相同，有时候你急急忙忙的赶去，却见双门紧闭，请你明天再来，你若赶着要动身的话，真急得你要命，我常说，单是巴黎一处，一星期内为着办护照的人所奔走的路，总加起来，亦许可以绕得地球一周。

办护照不特要赔了功夫又折钱而已也，有时还要闹得你一肚子的鸟气。譬如一九二二、二三两年，正值德国马克大落的时候，大家想到德国去逃穷，德国人在表面上不能拒绝，骨底里却在办护照时给你种种的刁难。签字费之贵，自然可以不必说，最岂有此理的，乃是限制你某日之前动身，过期作废；再限制你只能在德国居留一个月，过期请滚蛋。虽然这后一层的限制，后来到了德国，仍旧设法打破了，而在当时，深恐到德国后无从打破，总不免为之惴惴不安。又如去年三月，我要到伦敦去看一回朋友，英国领事馆的那个书记就问我：“是不是去做工？”我说：“不是，是去看朋友，两三天就回来了。”他就向我要来回车票看，说要看见了才能签字。我说：“车票还没有买，我护照上明明写着是学生，难道还不能证明不是工人么？”他说：“不行，非再有些别的证据不可。”我拿他没法，只得把身间所带巴黎大学学生证，及国家图书馆入门证给他看了，才能过这一重关。后来到了英法海峡里，那个在船上检查护照的，又照样的把我盘问了一番，而且要叫预先说出伦敦的通信处，再说出一个住在伦敦的朋友，算做“参考人”（reference），我给他麻烦得恼了，说“通信处就是中国公使馆，参考人就是代办公使朱兆莘罢”，这就把他的嘴搪住了。又记得五年前有人从伦敦办护照到美国去，我代替他填了一张请愿书，就整整填了半点钟。这请愿书中有好几十个问题，须得逐条详答，真比从前考秀才时要填三代及“身中面白无须”“身矮胖面麻多髭”一类的话，还要麻烦得多。其中最有趣的两条，是：“你是共产党不是？”“你是多妻主义者不是？”——这种问题，真叫人看到了就要笑，难道你问出这样低能的话是，人家也和你一样低能，竟老实回答你么？然而惟其低能，才是“德不孤，必有邻”呢！前两年有一位先生由德国动身，坐火车经西比利亚回国，向俄国公使馆请办护照时，所填请愿书，也是二十多条的大策问，其中最重要的一条，是：“你是反共产党不是？”这样，假使有一个人要游历俄美两国，若然他是有党见的，就非得在两处中说上一处谎不可！

总而言之，今日之所谓护照，本意早已失却，只是拿个官样文章，使旅行的人无端的费去些钱，又无端的找到些麻烦。记得有一位先生，的的确确是个共产党，在柏林俄国使馆里，也有不少的熟人。他认为以他这种的资格，要办个到俄国去的护照，总可以不花钱的了。不料请愿书送了进去，馆员虽然迷花眼笑的说可以可以，却是今天也请他等等，明天也请他等等，直等了两个礼拜还是全无消息。后来照数把五元美金送了进去，第二天就把护照办了出来了；然而在客楼里等了两礼拜，所花已不止五元美金，而此五元美金，又终于不得不花，这就可以见出护照一物的真意义了！

现在法比两国之间，已将检查护照这回事取消，就是说，法国人到比国去，或比国人到法国去，都用不着护照。又比国对于许多国的旅行人（中国人也在内），虽然还有检查护照的手续，可是只查一查这护照是不是该旅行人的本国官厅所发，不必要比国公使或领事签字了。据说比国政府所以要采用这种方策，只是要鼓励别国人到比国去游历，使比国市面上，多少可以沾到一些光。这句话大约是不错的。你看比京布鲁塞这样小，可要什么事都向着繁华的路上走，什么事都要摹拟巴黎（布鲁塞有“小巴黎”之称），若不想法吸收些外国游人的金钱，当叫他如何支持得住呢？（巴黎的繁华区域，也一大半是外国游人去照顾的；但巴黎的名声太大了，不必你鼓励，游人自然会来。）但无论比国政府的用意是怎样，游人们省却许多麻烦，总是实在的。

从中国到法国去的中国人，护照当然要办，而办护照时，许还要有一些小小的特别麻烦。不是前几年，勤工俭学一回事，在法国境内成了问题么？自有了这个问题，法国方面对于勤工俭学的学生，就不免有些头疼。英国人之防避外国工人入境，是恐怕外国人去抢去了他本国工人的职业。法国人却不怕此层；所怕的，是这班中国学生去了，既找不到工，又无法读书，而中国政府，又不能有相当的方法去安排，以致闹出岔子来。结果，是他们定出一个办法，凡是到法国去留学的，办护照时应证明是个有钱的人，不是要到那边去做工的；不然，就不给签字。证明的方法，却很奇妙：是要把汇钱的汇票拿去看。但人家汇钱，总是陆续汇的，你看了他第一次的汇票，那里就能保得住他的将来呢？而况有些先生们也很滑稽，他们三五个人合起来打一张汇票，今天用这一个人的名义写在支票上，拿去办护照；明天到银行去花一点手续费，换一张支票，换一个名字；再明天再换，再明天再换……结果，弄得法国人自己也觉得这种办法太低能了，也就随随便便起来。据说后来还改了个取保的办法，就是：把支票的物证改成了人证：要由有相当的资格的人或商店，出具证明书，证明此人到法以后，是读书的，不是找工做的。这个办法愈加是官样文章了，——我也不知道现在是不是还在实行；即使实行，也不过有这样的一个手续而已。

护照有两种：普通护照之外，还有一种外交护照。外交护照照例只能发给外交官及国家的现任高等官吏，而实际上，在本国时只须与外交总长有交情，在国外时只须与所在国的公使有交情，也尽可以骗到一张。有了这种的护照，唯一好处，便是经过关卡，行李可以不必查验。在我们穷学生，行李之查与不查是没有关系的，因为中间既没有危险物，又没有私货，只是费去些功夫，放心拓胆给他查便了。但换了大人先生，一方面是把行李打开来给人家查，不免有损于尊严；另一方面是因其为大人先生也，亦许行李中竟有不能给人查得的东西，于是这张外交护照，就是非有不可的了。记得有一位很精明的公使先生，当一九二一、二二两年马克价值大跌的时候，他就筹了些钱，大买其德国货。那时在德国的人，要买东西是可以的（只日用品有时要买不到），只是买了之后，要带出德境就非常之难；往往是一套新衣服，两块新手巾，一两本没写动的写字簿子，给关上查着了，也要被他没收去。但是关上碰到了公使大人的行李，是照例不能查的；就是邮政局中寄包裹，无论是寄给公使或公使寄出的，也照例是不检查，不上税。于是乎我们这位精明的公使，就大包小包的往中国寄，大箱小箱的往中国运；一面又到中国买了丝绸古董等物，也是大箱小箱大包小包的运往欧洲币价高的国度里去发卖。据说他竟盘滚到了好几十万。

说到外交护照，又想起了一件事。一天，同巴黎中国使馆的沈老先生闲谈，我说："听说外国人到中国去，有许多是不办护照的，真吗？"他说："到中国去经商的人，也照例办护照。只是他们的官吏政客等等，就老不把中国看在眼里：他们要去就去，决然理会不到护照这一件事。有时中国使馆知道他要走，要想保全些本国的面子，办好了护照送过去，他若肯赏收了，也就很有光荣的了！"

到欧洲去的路，原有两条：一条陆路，打西比利亚走，一条海路，打印度洋走。另有一条，从日本到美国，再横贯美国，渡大西洋到欧洲。这末一条路普通人都不走，我朋友中只有两人走过：一是朱骝先，他一九一八秋季动身，那时印度洋西比利亚两路，都还没有通，不得不走这一条；一是韩志勤，他是从前去过欧洲的，此番只是借此多游一个美洲便了。

西比利亚的陆路我没有走过。这条路最显著的好处就是快。在战前，从北京到伦敦只要十四天，到巴黎十三天，到柏林十二天。现在因为莫司科以西的一段通车还没有连络好，普通从北京寄到巴黎的信件，总要三礼拜左右才能到；人的旅行，速率与信差不多，所以也该打三礼拜算。但无论如何，总比海路快得多。路上用钱的多少，据有些走过的人说，比海路贵；可又有些人说比海路便宜。这里面谁是谁非，我无从判断。不过莫司科旅馆之贵，是无论何人不能否认的。要是你到了莫司科，不能马上接到车，要在旅馆中等上三五天以至一礼拜，那就当然是要花上许多冤钱的。

就我个人而论，我就喜欢走海路，不愿意走这条陆路。第一层是因为走海路，从上海上了船，就可以一直到马赛，中间什么事都不必管账；走陆路，却须一路换车；进一国出一国，都要检查护照，检查行李；又火车上及客栈里的饭食，也要随时自己料理叫吃，不比船上饭钱即包括于船钱之内，只须等到听得铃声，便可到饭堂中去坐下。第二层是火车里的地位，决没有船上舒畅（虽然西比利亚的火车，比普通火车大得多），在这种很窄小的火车里住上多天，身体一定不舒服，有许多人往往要闹便秘。虽然坐海船也有人要闹晕船，但我自己是不怕晕船而怕便秘的。第三层是坐火车，有一大半路要在无聊的荒野中走，精神上一定是异常的干燥乏味；坐轮船却不然：我们从上海到马赛，每经过一埠，必定可以得到一个极新鲜的印象：在锡兰，你可以看见一些印度的古文明；在安南，你可以看见亡国奴之如何憔悴于苛政之下；在新加坡或槟榔屿，你可以看见华侨在海外所经营的事业之可惊，而同时也可以看见吾国政府不能加以相当保护，使他们处处受人欺侮，受人蹂躏；在波赛，你可以看些埃及的古文明；同时也可以看见这种的文明已真正的死绝，只剩着不长进的子孙替他们的祖宗在那里丢脸！——总而言之，统而言之，你这一路去，你可以看见种种式式不同样的文明，你可以看见种种式式不同样的生活状况。虽然你并不能仔细考察，虽能象看电影一般的听他在眼前一闪而过，而你胸怀中所发生的感想，无论其为悲哀的或欢悦的或希望的，都足以酬偿你这一趟旅行的劳苦而有余。而况我们生长内地，不易见到海面的人，一旦能有三四十天的海上生活，真是在精神上洗了一个极痛快的澡，可以把你脑府中所有的烦忧渣滓，完全洗得干干净净；在身体上，天天可以洗一个海水浴，天天在旷远无涯的大气中生活，也可以把零零碎碎的小毛病一扫而空；便是晕船，在我们想起来自然是很可怕，但假使晕得并不厉害——譬如说：在全程中吐过十次八次，躺过三天五天——却是于身体非但无害，而且有益的。这句话是老于航海的人向我说的，其是否合于科学，我无从证明，不过说者不止一人，亦许中间也有三分可信了。总而言之，这一个海程是极有趣，极值得一走的，除非真有走西比利亚之必要——如有急事，怕晕船，要调查俄国情形之类——我总劝你走海程。这海程我已走过了两次，现在还是时萦梦想；将来如有机会再到欧洲去，还是要走这一条路的。

若然已能决定了要打海路走，那就想法定船位了。定船位的地方，大概不是“环”某学会，就是“通”某公司。这两家都是很会做买卖的，用不着我来替他们登广告。

现在定船位是很容易的了。大约在船开以前两三个礼拜去定，一定可以定得到。在夏季六七八三月之间，长途旅行的人较少，亦许一礼拜之前去定，也可以定得到。在我出国时，那真是麻烦得要不得。我是一九一九年二月中向北京“通”某公司定的船，结果在一九二〇年二月七日才能上船，整整等了一年。非但要等，而且你要那一条船，也无从指定；你要那一个位置，也不由得你做主，只能听他安排。这在求过于供的时候，原是什么事都是如此的，并不独船位为然。不过有许多混帐东西，要借着这求过于供来无端的刁难人，那就非好好的教训他不可。记得我定船时，除我们自己定了两个之外，还替百年定了一个。后来百年打算迟一迟走，要把船位让给禧文，我就到公司去替他说知。我以为这是不成问题的，只须在船票上换个名字便了。不料那个洋行小鬼，竟是架子十足的说：“不行！你定了位置，要去就去，不去就取消了另卖。”我可恼了，我就同他大闹起来；闹的结果，是把帐台上坐的一个鬼子闹了下来，向我咭哩咕噜说鬼话，我也用格格不吐的鬼话同他辩，终于是他无话可说，答应把名字改过了。此一事也。另有一事更岂有此理。那天是要交付船票全价了，因是日本船，照例要把日本钱合成了华币付华币的，我自己两个位置，该是日金一千元，照他四五合，合成华币四百五十元，我就照数付去了。付过之后，我想：照报上看来，日金价没有这么高，何不打电话间问正金呢？一问之后，知道是四二，通共相差三十元，心上以为为数也并不多，算了吧。继而一想，何必做冤桶？不如打个电话责问他。吓，他可嘴硬！他说：“别多麻烦！我们不照正金的行市算。我们有‘海关行市’，各轮船公司通用。”这一来，我就更不答应了。我又打电话问一问卧车公司，回说行市是四二，“海关行市”那名目是没有的。于是我又在电话中和那洋行小鬼大吵，说如果不把那三十元退出，就到交民巷英国公堂告他；结果是他也弄得理屈辞穷，把钱退出完事。这两件小事，原是不值得写出的。所以写者，因中国一般人的心理中，总以为中国人是靠不住的，外国人却是一点一画的，而实际上，外国人也尽有插烂污的，尤其是在中国的外国人，尤其而又尤其是那一班死不要脸的洋行小鬼！（这洋行小鬼一个名词，应当活看，并不是说凡在洋行里做事的中国人都是洋行小鬼。也并不是说中国人开的商店里就没有洋行小鬼。这是个人品的名词，不是个职业的名词。）

通行于上海欧洲间的邮船，英法日德意五国都有，偏是我们中国没有。中国轮船航行于外洋的，前几年还有中国邮船公司的几个船，往来于上海美国之间，虽然据坐过这种船的朋友说，船上办事混乱得不知所云，但无论如何，总还是中国的船，总还可以使我们这种黄僵脸的病夫朋友，在青天碧海间看见了“五色旗”飘扬，也可以略略的破涕为笑。不幸这公司现在已因赔本而倒闭了；轮船也已卖去了还债了。现在香港与南洋之间，亦许还有几条不甚知名的中国小商船，在那里开行。但在无数无数的别国的大船中间，夹着个看不起眼的小船，真是“万绿丛中一点红”，愈见其滑稽可笑。但在我们黄僵子眼中看去总还是慰情聊胜于无，总还是一线的光荣。记得我们去的时候，在锡兰附近看见一条华丁船，我与禧文都高兴得了不得，说：“居然到了此间，还看得见中国的船。”回来时，又在澜沧江中看见停泊着一条航帕船，全船四十多个中国人，都欢呼雀跃起来；我还把它照了一个相，留做纪念。呜呼，人之患在于不识羞耻！一方面是我们这班群学生在外海中看见了本国船只就要欢呼雀跃，恨不得马上跳过船去，而别一方的阔人公使之类，以至于特使专使如徐大将军张小皇帝之类，却“行乎吾心之所安”，摇而摆之的坐着外国船出国，摆而摇之的坐着外国船回国、受船长的优待，吃起饭来推坐首席，开出口来称为“Your Excellency”，而竟不想想你那鬼脸，还不如以裤裆套起为是！但是，我的野箭可以不必再放了。现在的中国，那里说得到外洋航业，若能把那稀糟百烂腐败透顶的招商局整顿好，其功业已不在辛亥革命之下了！

大陆国的船，总带些大陆性，就是大而少；岛国的船，却带着岛国性，小而多。我们若把德法两国的船和英日两国的船来一比，可以证明这句话是完全不错的。有人说：岛国民族还带着他祖宗所遗传下来的海盗精神，所以如此。这句话对不对，且俟历史家去评判；我们所要知道的是：英日两国的船，吨数往往只有六七千，一万以上的就很少；德法的船，普通小一点的，总在一万一二千左右，大的有一万六或一万八，最大的有二万一二。船小的容易晃，所以怕晕船的人应当挑最大的船坐。譬如往来上海天津间的船，都只有一千几百吨，大一点的也不过二千多吨，而黑水洋里的风浪，有时却大得很可以，所以走这条路的，往往很苦；若换个大船，就准可以舒服得多了。元任向我说过，他在什么书上看见过一段话，就是坐船至少要坐一万四千吨的，因为在一万四千以下，则船愈小愈荡得厉害；到过了一万四，却是虽大亦无用，换一句话说，就是：在同样的风浪之中，一万四的要动荡到怎样的一个高低，两万八的也要动荡到怎样的高低，所以能坐一万四，也就好了。这句话有无物理上的证据，我们无从知道；但就今日的商船而论，一万四的已经的确不算小了。

坐大船不但是在有风浪时可以沾些光，而且在通常的生活上，也可以比较舒服一点，因为船一大，什么都大了：房间也大了，起坐处也大了，甲板也大了，——你有三十几天的海上生活，总是地位愈宽舒，身心愈畅快。不过我也并不说英日两国的船坐不得。譬如你要上伦敦，自然是坐英日船便当些，因为这两国的船是一直开到伦敦的。而且，英国船上的上下司事以至于仆役，必定是英国人，乘客也以英国人为多，你不但可以利用这机会练习英语，而且也可以学到些英国人的老气横秋的臭架子，将来到了伦敦，不至于“失仪”。至于日本船上的船员仆役，当然全是日本人，乘客也自然是日本人居大多数——尤其是在新加坡以前的一段，所有商人、政客、奸细、小贩、龟奴、妓女之类，几乎常川不绝的在那里往来——但他们自己互相说话，当然是用日本语；同外国人说起话来，却也能说几句半三不四的英语。所以你若是只能说英语而不能说德法语，你坐日本船，也可以有同坐英国船一样的便利。

日本船上吃得很好。我们去时，坐的是贺茂丸二等，每日有正餐三次，每次都有上海番菜馆一元五一客的身分；而且颇有些东方风味：你若不爱面包，蛋炒饭是每餐都有的；又每餐总有些日本制的酱菜，所谓“福神渍”者，有时还来上一种日本烧法的鳝鱼，——这两味，乃是我们直到现在还在思念不置的。正餐之外，还有三次茶：早七时一次，咖啡一杯，油煎面包二片；上午十一时一次，牛肉茶一杯，饼干数片；下午四时一次，茶一杯，糕一块。最奇怪的是早上的一次，乃是送到房间里来吃的。据说这是英国的风俗。英国人未起床之前，必须先吃一点东西，所以这一次茶，照理应当在床上吃的。但我们实在弄不来：至少也得起了床，漱了口再吃。这在英国人眼中看去，亦许有些“猪头三”。

英国船没有三等；日本船不但有三等，而且在三等之中，还分了特别普通两种。普通三等就在甲板上搭上一个布篷，由你去餐风饮露；特别三等在下舱里，潮湿，气闷，热，加之以无量数的臭虫，无量数的耗子。最糟糕的是，每到一埠，要上货落货的时候，无论你是特三也好，普三也好，你总得把行李卷起，杂物挪开，给他们让出做工的地位。而况你在船上，并不是三天五天，天气又是那么热，要是你有些什么感冒、中热、晕船之类，伏在这样的舱里，那真要你的性命！所以坐日本船，坐三等是不甚合宜的。至于坐法国船，却应当坐头等或三等。坐头等当然是为阔气与舒服，坐三等可以省钱，而舱位的舒服，却并不在日本船二等之下（大一点的法国船的三等舱，远比日本船的二等舱宽大），只是吃得差一点（但还比巴黎市上五法郎一餐的普通学生饭好一点）。至于坐二等，却是付了近于头等的钱，得到了近于三等的待遇，实在太不上算。法国船中还有四等，那是同日本船的普通三等一样的，可以不必多说。

如有宽裕的时间，舱位总以早定为是，因为早去定，可以有些选择。选择的标准，大约是：（一）船遇风浪，前后晃动时，总是两端的角度大，中间的角度小，所以舱位以在中间者为佳；（二）靠着毛房和澡堂的舱位，大都不很好，因为门外常有来来往往的人，而且也总不免有些臭气；（三）靠船边有窗洞的，比在船心没窗洞的好，因为可以看海景，吹海风；（四）老于航海的人说，有风浪时，左舷总比右舷好，这虽然未必有科学的证据，但此是从经验中得来的话，自然也有相当的可信处。（五）至于高铺或低铺，那就凭着各人的心爱，不能一概而论：有人喜欢爽快些，就不妨爬到上面去，有人懒得爬高下低，就在底下将就将就。

到国外去，必须把中国钱换成外国钱才能使用，因为中国钱在外国市面上，几乎是完全没有价值的。（就巴黎而论，你拿英美比瑞等国的钱去换法国钱，无论什么银行，都可以随时换到，甚而至于大一点的商店里，竟可以直接折合使用；若拿中国钱去，就决没有什么人愿意承受。英国与中国间的商务较盛，所以伦敦的汇丰麦加利等行，有时也能收受中国钱，但如数目太小，也就不免发生用难。）所以在这换钱上，也应当有一点小小的推敲。从上海上船之后，一路的零花是很少的：有十镑钱已经满够满够。如果你坐的是法国船，可在这十镑中分出两三镑来买法郎，因为在船上付小帐，以及洗衣，买汽水等，都按着法郎算，若用英镑折算，总不免有吃亏的地方。这种的英镑或法郎应当预先在上海买好。买的地方，大约是虹口一带的烟纸兼兑汇店；如果银行里有熟人，托他们去买，还可以少吃一些亏。如果你自己上汇丰等银行里去买，非但买不到，有时亦许碰了一鼻子的灰。又，这个钱是预备一路零花的，应当买小一点的票子（英镑买一镑的，或十先令的，法郎买五法郎或十法郎的），若买了大票，临时必有种种的不便。（譬如你到了锡兰，要上岸去看看，至多换上一镑钱的印度钱就够了。假使你有一张十镑的票，换钱的亦许说没有零镑票找，给你全数换成了印度钱。你这钱用不了，带到别处去是没有用，回船时重向换钱处换成英镑，就不免损失很多。）至于大宗的钱，就是你预备到了外国使用的，却不必在中国就买成现钞，只须打一张汇票，带在身间，到那边再取钱。汇票是各银行都可以打的，但为免受恶气起见，最好就托靠得住的中国银行办一办。记得我出国时，随便一走，走进了麦加利，就给它那“中国帐房”里的一个宁波洋奴，着着实实闹了一肚子的鸟气。我要交钱给他，他自由自在的在柜台里同朋友谈什么“嵌二索”“清一色”，我在外面等得发跳，他斜过眼来很很的说了一声“若事体！”又回转头去说他的“嵌二索”“清一色”！结果我足足的等了一点钟。这班十恶不赦的洋奴不死绝，中国是永远不会翻身的。我就在这里用全身的力量诅咒你们快快的断命！

到英国去，自然要换英国钱。到法国去，却不必换法国钱。因为近几年来，法国也在闹饥荒，金融很不稳固，法郎的价值涨落不定：要是你换钱的时候法郎价值贵，到用钱的时候法郎的价值跌了，你就大吃其亏了。最好的方法，是打一张汇到伦敦的汇票，把钱折成了英金（如直接要汇到巴黎，照规矩要折成法郎，所以必须要向伦敦转一个湾），回头你到巴黎后，就到华比银行去，将汇票交给他，托他向伦敦去提来，大约至多三天就可以提到。提到之后，便把钱存在行中，立一个活期的“英镑帐”（Compte livre），要用多少，随时提多少，随时按着法郎的价值折算。外国的银行，决不像中国的银行那样该揍！你便是天天去提取一镑的小数，他也决不会嫌你麻烦，你也断断看不见前文所说那个宁波洋奴的死鬼脸。但何以必须要到华比去呢？这也并不是我替华比拉买卖，却因别家都不肯做金镑帐，只有这一家肯。（如果数目较大，别家亦许可以办到。）不过金镑帐的利息，要比法郎帐小些（法郎帐四厘；英镑帐一百镑以上二厘五，一百镑以下无有。）但在法郎价值大起大落的时候，这一点利息上的损失，就完全算不了什么事。

写到此地，我把所有要说的话都写完了。预备出国的好朋友，你可以上船了：再会吧，祝你一路平安。

（原载于1991年《新文学史料》第1期）

《乾隆英使觐见记》序

自西人航海东来，壮游之士，笔其闻见以告邦人子弟者，马可波罗而后，继起之书，已千五百余种。不佞佣余涉猎，所读亦六十余种，于中纰缪驳杂，肆为妄谈者居十一二；而摭拾浮言，结构一本臆测者居五六。要皆西人所谓一点钟之书，书朝出而夕可求诸拍卖之肆者也。外如卡尔女士《慈禧写照记》，濮兰德《慈禧外纪》之属，书虽不多，而或本躬历，或根考据，类能剔抉隐閟，道人未道，以补正史之缺，此掌故之士之所珍，足以流传久远者也。而吾尤爱《乾隆英使觐见记》一书，书凡三卷。英使马戛尔尼自述。凡纯皇之政见起居，内庭服御之侈靡，朝臣之庸聩，有司百僚之趋跄奔走，酬应供张之繁缛，编户齐民之活计疾苦，罔不按其目击耳食所及，一一记之。而于叩首礼之争执，诸家笔记记之未备者，陈述尤详。西人恒言历史之学，乃置白首于青年之肩，使述往事以诏来者。客夏苦热，吾初读此书，亦恍如一白首老人坐吾旁，为吾娓娓道乾隆遗事，旦而午，午而暮，不复觉热之来袭吾体。是吾译此书，文笔虽劣，而与吾有同好者，或不致遽谓是书为一点钟之书也。尤有进者，濮兰德《清室外纪》有言，英使来华，所求互派公使，推广商业，议订税则诸事，中朝一不之许，但锡以文绮珍玩令归。故英使所得，文绮珍玩而外，仅有本人及随员之笔记而已。吾则谓此笔记之值，重于文绮珍玩为倍万，而重于所求诸事者，为倍亦百。盖自有此书，而吾国内情，向之闭关自守，不以示人者，至此乃尽为英人所烛。彼其尺进寸，益穷日之力，合有形无形以谋我者，未始非此书为其先导也。吾昔主某报，尝自西报译一文曰《华人古代之冒险精神》，为美使柔克义演词。内言十五世纪，明人与南洋诸岛，交际已繁，甚有远达非洲北部者；其坚毅果敢，殆不在西人之后。惜商人重利，不能属文。间有受帝王之命，往求犬马珍好，且以游记进呈者，又复志在媚兹一人，所记多荒渺无稽，参以神鬼怪异，阅之令人大噎。而帝王悦之，谓其人多能，且加奖焉。是以华人虽自古即与海外通，而其茫然于海外实情仍如是也。柔氏之责明人者如此。彼有清一代，膺命出使者，奚止十数辈；所为书，亦奚止十数种？而一观其书，除《庸庵笔记》精核可贵外，剿袭陈说者有之，但记宴游琐事者有之；己不能作，而令书胥为之者有之；甚至某使懵懂不解事，出洋考政，惧无以复命，阴属留学生数辈，为撰游记，而以千金易其稿。荒谬至此，亦能望其有裨国是耶？彼西人纪吾国事之书，虽千五百种，中精确者仅仅十之一二，然已弱人之国而有余；吾国虚靡国帑，豢无数不辨菽麦之星使，而其归束，不过以无用之书，祸及梓氏，吾译此书，不禁感慨系之矣。民国五年春江阴刘复半侬父识。

（原载于《乾隆英使觐见记》，上海中华书局1917年8月初版）

《福尔摩斯侦探案全集》跋

丙辰之春，同人合译《福尔摩斯侦探案全集》既竟，以校雠之事属余。余因得尽取前后四十四案细读一过，略志所见如下。

天下事顺而言之，有始必有终，有因必有果。逆而言之，则有终必有始，有果必有因。即始以推终，即因以求果。此略具思想者类能之。若欲反其道而行，则其事即属于侦探范围。是以侦探之为事，非如射覆之茫无把握，实有一定之轨辙可寻。唯轨辙有隐有显，有正有反，有似是而非，有似非而是，有近在案内，有远在案外。有轨辙甚繁，而其发端极简；有轨辙甚简，而发端极繁。千变万化，各极其妙。从事侦探者，既不能如法学家之死认刻板文书，更不能如算学家之专据公式，则唯有以脑力为先锋，以经验为后盾，神而明之，贯而彻之，始能奏厥肤功。彼柯南道尔抱启发民智之宏愿，欲使侦探界上大放光明。而所著之书，乃不为侦探教科书，而为侦探小说者，即因天下无论何种学问，多有一定系统，虽学理高深至于极顶，亦惟一部详尽的教科书足以了之。独至侦探事业，则其定也，如山岳之不移；其变也，如风云之莫测；其大也，足比四宇之辽敻；其细也，足穿秋毫而过。夫以如是不可捉摸之奇怪事业，而欲强编之为教科书，曰侦探之定义如何，侦探之法则如何，其势必有所不能。势有不能，而此种书籍，又为社会与世界之所必需，决不可以“不能”二字了之，则惟有改变其法，化死为活。以至精微至玄妙之学理，托诸小说家言，俾心有所得，即笔而出之。于是乎美具难并，启发民智之宏愿，乃得大伸。此是柯南道尔最初宗旨之所在，不得不首先提出，以为读者告也。

柯氏此书，虽非正式的教科书，实隐隐有教科书的编法，其写福尔摩斯，一模范的侦探也，写华生，一模范的侦探助理也。《血书》一案中，尽举福尔摩斯学识上之盈缺以告人，言其无文学、哲学及天文学之知识，即言凡为侦探者，不必有此种知识也。言其弱于政治上之知识，即言凡为侦探者，对于政治上之知识，可弱而不可尽无也。言其于植物学则精于辨别各种毒性之植物，于地质学则精于辨别各种泥土之颜色，于化学则精邃，于解剖学则缜密，于纪载罪恶之学则博赅，于本国法律则纯熟。即言凡此种种知识，无一非为侦探者所可或缺也。言其为舞棒弄拳使剑之专家，即言凡为侦探者，于知识之外，不得不有体力以自卫也。言其善奏四弦琴，则导为侦探者以正当之娱乐，不任其以余暇委之于酒食之征逐，或他种之淫乐也。此十一种知识，柯南道尔必述于第一案中，且必述于福尔摩斯与华生相识之始，尚未协力探案之前者，何哉？亦正如教科书之有界说，开宗明义，便以侦探之真面目示人，庶读者得恍然于侦探之事业，乃集合种种科学而成之一种混合科学，决非贩夫走卒，市井流氓，所得妄假其名义，以为啖饭之地者也。

一案既出，侦探其事者，第一步工夫是一个“索”字，第二步工夫是一个“剔”字，第三步工夫即是一个“结”字。何谓“索”？即案发之后，无论其表面呈若何之现象，里面有若何之假设，事前有若何之表示，事后有若何之行动，无论巨细，无论隐显，均当搜索靡遗，一一储之脑海，以为进行之资。若或见其巨而遗其细，知其显而忽其隐，则万一全案之真相，不在其巨者、显者而在其细者、隐者，不其偾事也邪？而且案情顷刻万变，已呈之迹象，又易于消灭，苟不于著手侦探之始，精心极意以求之，则正如西谚所谓“机会如鸟，一去不来”。既去而不来矣，案情尚有水落石出之一日邪？故书中于每案开场，辄言他人之所不留意者，福尔摩斯独硁硁然注意之；他人之所未及见者，福尔摩斯独能见之。此无他，不过写一个“索”字，示人以不可粗忽而已。何谓“剔”？即根据搜索所得，使侦探范围缩小之谓。譬如一案既出，所得之疑点有十，此十疑点中，若一一信为确实，则案情必陷于迷离恍惚之途，使从事侦探者疲于奔命，而其真相仍不可得。故当此之时，当运其心灵，合全盘而统计之，综前后而贯彻之，去其不近理者。就其近理者，庶乎糟粕见汰，而精华独留。于以收事半功倍之效。故书中于“凡事去其不近理者，则近理者自见”，及“缩小侦探范围”二语，不惮再三言之者，亦以此二语为探案之骨子。人无骨则不立。探案无骨，则决不能成事。而此二语简要言之。惟有一个“剔”字而已。至于最后一个“结”字，则初无高深之理想足言。凡能于“索”字用得功夫。于“剔”字见得真切者，殆无不能之。然而苟非布置周密，备卫严而手眼快，则凶徒险诈，九仞一篑，不可不慎也。

或问：福尔摩斯何以能成其为福尔摩斯？余曰：以其有道

德故，以其不爱名不爱钱故。如其无道德，则培克街必为挟嫌诬陷之罪薮；如其爱名爱钱，则争功争利之念，时时回旋于方寸之中，尚何暇抒其脑筋以为社会尽力，又何能受社会之信任？故以福尔摩斯之人格，使为侦探，名探也；使为吏，良吏也；使为士，端士也。不具此种人格，万事均不能为也。柯南道尔于福尔摩斯则揄扬之，于莱斯屈莱特之流则痛揞之，其提倡道德与人格之功，自不可没。吾人读是书者，见“福尔摩斯”四字，无不立起景仰之心，而一念及吾国之侦探，殊令人惊骇惶汗，盖求其与莱斯屈莱特相类者，尚不可得也。柯氏苟闻其事，不知亦能挥其如椽之笔，为吾人一痛揞之否？

全书四十四案中，结构最佳者，首推《罪薮》一案。情节最奇者，首推《獒祟》一案；思想最高者，首推《红发会》《佣书受绐》《蓝宝石》《剖腹藏珠》四案，其余《血书》《弑父案》《翡翠冠》《希腊舌人》《海军密约》《壁上奇书》《情天决死》《窃图案》诸案，亦不失为侦探小说中之杰作。惟《怪新郎》一案，似属太嫌牵强，以比较的言之，不得不视为诸案中之下乘。而《丐者许彭》一案，虽属游戏笔墨，不近情理，实有无限感慨，无限牢骚蓄乎其中。盖柯南道尔一生，自学生时代以至于今日，咸恃秃笔以为活，虽近来文名鼎盛，文价极高，又由英政府锡以勋位，有年金以为事畜之资，于生计问题，不复如前此之拮据，而回思昔年为人佣书，以四千字易一先令之时，亦不禁为之长叹，故特撰是篇，以为普天下卖文为活之人，放声一哭，且欲使普天下人咸知笔墨生涯，远不逮乞食生涯之心安意适也。

以文学言，此书亦不失为二十世纪纪事文中唯一之杰构。

凡大部纪事之文，其难处有二：一曰难在其同；一曰难在其不同。全书四十四案，撰述时期，前后亘二十年，而书中重要人物之言语态度，前后如出一辙，绝无丝毫牵强，绝无丝毫混杂。如福尔摩斯之言，以之移诸华生口中，神气便即不合，以之移诸莱斯屈莱特口中，愈觉不合。反之，华生之言，不能移诸福尔摩斯与莱斯屈莱特；莱斯屈莱特之言，亦不能移诸福尔摩斯与华生。惟其如是，各人之真相乃能毕现，读者乃觉天地间果有此数人，一见其书，即觉此数人栩栩欲活，呼之欲出矣。此即所谓难在其同也。其不同者，则全书所见人物，数以百计，然而大别之，不过三类：有所苦痛，登门求教者一类也；大憝巨恶，与福尔摩斯对抗者又一类也；其余则车夫、阍者、行人之属，相接而不相系者，又为一类。此三类之人，虽有男女老少、贵贱善恶之别，而欲一一为其写照，使言语举动，一一适合其分际，而无重复之病，亦属不易。且以章法言，《蓝宝石》与《剖腹藏珠》，情节相若也，而结构不同。《红发会》与《佣书受绐》，情节亦相若也，而结构又不同。此外如《佛国宝》之类，于破案后，追溯十数年以前之事凡三数见，而情景各自不同。又如《红圜会》之类，与秘密会党有关系之案，前后十数见，而情景亦各自不同。此种穿插变化之本领，实非他人所能及。

侦探固难，作侦探小说亦大不易易。以比较的言之，侦探之事业，应变在于俄顷之间，较之作小说者静坐以思，其难不啻百倍。然精擅小说如柯南道尔，所撰亦尚有不能尽符事理处。是以知坐而言者未必即能起而行。余前此曾发微愿，欲一一校正之，以见闻极少，学力复弱，惭而中止。然反观吾国之起而行者又何如？城坚社固，爪利牙长，社会有此，但能付之一叹而已。因校阅竣事，谨附数语于后。民国五年五月十二日，半侬识。

（原载于《福尔摩斯侦探案全集》，上海中华书局1916年版）

译《茶花女》剧本序

《茶花女》快要印成了，吓！刚巧碰到了这样的大热天，还要挖空心思想出什么话来凑成一篇序，岂非自讨苦吃？

我以为小仲马是不必介绍的，因为凡是读法国近代文学史的人，无不知有小仲马；《茶花女》一剧是不必介绍的，因为凡是读小仲马的著作的人，无不先读《茶花女》；《茶花女》剧中的命意与思想是不必介绍的，因为所有的话，剧中都已写得明明白白，正不必有什么低能儿去替他乱加一阵子注疏。

虽然小仲马在《茶花女》出世之后的十五年，曾做过一篇两万多字的长文章，把十五年中法国官场以及一般社会对于此剧所取的态度与所用的手段，一一叙述，并一一加以辩难，而我却以为这样的一篇文章，尽可以不必译出。因为他是对着法国人说话的，而我们可是中国人！

法国的社会是很守旧的，不错，凡是到过法国的人，都可以知道法国的一般社会，真是旧得可以。但是旧尽可以旧，却是有活气的，不是麻木不仁的。所以要是一旦有了个什么新说，与原来的旧说不能相容的，社会上就可以立时起一个大波动。

中国的社会却并不如此。说是旧罢，六十岁的老翁也会打扑克。说是新罢，二十岁的青年也会弯腰曲背，也会摇头，也会抖腿，也会一句一“然而”。实际却处处是漠不关心，“无可无不可”。

因此，严又陵译《天演论》也罢，译《原富》也罢，译《穆勒名学》也罢，一般青年文学家介绍易卜生也罢，介绍托尔斯太也罢，介绍罗曼·罗兰也罢，在中国看去，都好象是全没有什么。杜威来了么？这只是个美国的老头子罢了。罗素来了么？这只是个英国的小老头子罢了。太戈尔来了么？这也只是印度的老老头子罢了。到得欢迎的宴会开完了，桌子上的果皮肉骨扔到了垃圾桶里，此等诸老的思想理论，也就全都扔到了垃圾桶里了！

因此，《茶花女》在中国的命运，也就可想而知。或者是当作闲书看看，或者是摘出一张“幕表”（！）来编排编排，归根结底，只是扔入垃圾桶而已。而他们法国人，可竟为了这一出戏，引起了社会上十五年的波动，也就未免太傻了。然而我费了一个多月的工夫把这一出戏译出，意思里可还希望国中能有什么一个两个人，能够欣赏这一出戏的艺术，能够对于剧中人的情事，细细加以思索。国中能有这样的一个两个人没有？要是有，我把这一部书呈献给他。

十五年七月七日北京

（原载于1926年7月19日《语丝》周刊第88期）

《国外民歌译》自序

这已是九年以前的事了。那天，正是大雪之后，我与尹默在北河沿闲走着，我忽然说："歌谣中也有很好的文章，我们何妨征集一下呢？"尹默说："你这个意思很好。你去拟个办法，我们请蔡先生用北大的名义征集就是了。"第二天我将章程拟好，蔡先生看了一看，随即批交文牍处印刷五千份，分寄各省官厅学校。中国征集歌谣的事业，就从此开场了。

此后几年中，不但北大方面所得的成绩很可观，便是一般的报章杂志上，也渐渐的注意到了这一件事；单行的歌谣集，也已出了好多种。现在若把这些已得的成绩归并起来，和别种学科已得的成绩相比较，诚然还是渺小到万分。但是，它还只有了八九年的生命；它在这八九年中已能在科学中争得了一个地位，能使一般人注意它，不再象以前一样的蔑视它，这也就可以算是一件值得庆幸的事了。

研究歌谣，本有种种不同的趣旨：如顾颉刚先生研究《孟姜女》，是一类；魏建功先生研究吴歌声韵类，又是一类；此外，研究散语与韵语中的音节的异同，可以另归一类；研究各地俗曲音调及其色彩之变递，又可以另归一类；……如此等等，举不胜举，只要研究的人自己去找题目就是。而我自己的注意点，可始终是偏重在歌谣的文艺方面的。

说到文艺这一件事，可就不容易说出具体的理论来了。干脆的说，文艺的欣赏完全是主观的——你说它好，就是好；你说它不好，就是不好。你要在这好与不好之间说出种种道理来，亦许也能说得很对；但这所谓对，也只是你所说的别人不以为非，换句话说，便是你的主观，偶然有多少和别人的主观相合；而就全体说，终还是你自己的主观，终还有许多地方是你自己的偏见。

何以呢？因为我们要在某一种事物上作理论的推断，我们所用的是理知，而理知这东西，却只能用在有理知的事物上；换句话说，理知是几何性的东西，我们只能把它用在几何性的事物上。誓如你要说明什么是圆，什么是三角，你只须稍稍用一点功夫，就可把它的界说规定得明明白白；到规定明白了，你就可以说：圆与三角所具的条件应当怎样，合条件的就对，不合条件的就不对。至于文艺，它根本就不是理知的，是情感的。你尽可以天天说着“好”“坏”“美”“丑”等字，你断然没有方法把它的界说规定得和圆与三角一样明白。既然连界说也无从规定起，讨论起来，当然就不能有什么客观的标准，只能看作品中的情感，与我自身的情感是互相吸引的或者是互相推拒的：是吸引的就叫作好，叫作美；是推拒的就叫作坏，叫作丑。

若然我这一份话还算说得不大错，那么我就要大胆说一说我自己对于文艺上的见解了。许多人把文艺中写实派与浪漫派的消长与冲突，看作一个很重要的问题，在我，却并不觉得有什么重要。我对于两派中的好作品，都能欣赏；假使是不好的，我也断不因其属于某派而加以偏袒。但是我的见解也并不就这样的中庸：我也有我的偏见。我的偏见简单说来，是爱阔大，不爱纤细；爱朴实，不爱雕琢；爱爽快，不爱腻滞；爱隽趣的风神，不爱笨头笨脑的死做。因此，我不爱六朝人的赋而爱《世说新语》及《洛阳伽蓝记》；不爱苏东坡的策论而爱他的小品；不爱杜甫而爱李白；不爱李义山而爱李长吉；爱诗不爱词，因为词有点“小老婆”气（这是就最大多数的词说）；爱古体诗及近体绝诗而不爱律诗，尤其不爱排律，以为读一首三十韵的排律，胜如小病一场！

这样的见解完全是个人的气禀造成的，不但不知我的人不能与我苟同，便是和我很要好的朋友，也断然不能与我一鼻孔出气。即如尹默，他对于我所说“词像小老婆”这一句话，也不知提出了几次的抗议。当然，他与我每抬一次杠，我对于词就可以增进一分的了解；但是直到现在，我总还不能爱词和爱诗一样，这也是件无可奈何的事。

我不但对于文艺，对于自然界的景物也是如此。我爱看的是真山真水，无论是江南的绿畴烟雨，是燕北的古道荒村，在我看来是一样的美，只是色彩不同罢了。至于假山假水，无论做得如何工致，我看了总觉不过尔尔。因此我不大喜欢逛花园。即如北海，在公园中也可以算得数得数一数二的了，但在我脑筋中，总留不下一些的影子，倒不如十刹海的秧田一角，陶然亭的芦荻翻风，使我想到了就不禁悠然神往。我对于花的观念也是如此。无论是怎样不值钱的小花，只须是以自然的姿度生长在野外的，在我总认为无上的美。若然种到了园庭里，或者更不幸，种到了小盆里，那就算了罢！我们所看见的只是一个个的带着桎梏的小罪犯，还能引得起什么美感呢?

因为我的性情是如此，所以我的爱赏歌谣，就可以说是极自然的趋向了。我并不说凡是歌谣都是好的，但歌谣中也的确有真好的，就是真能与我的情感互相牵引的。它的好处，在于能用最自然的言词，最自然的声调，把最自然的情感发抒出来。人类之所以要唱歌，其重要不下于人类之所以要呼吸，其区别处，只是呼吸是维持实体的生命的，唱歌是维持心灵的生命的。所以人当快活的时候要唱歌，当痛苦的时候也要唱歌；当工作的时候要唱歌，当休暇的时候也要唱歌；当精神兴奋的时候要唱歌，当喝醉了酒模模糊糊的时候也要唱歌；总之，一有机会，他就要借着歌词，把自己的所感所受所愿所喜所冥想，痛快的发泄一下，以求得心灵上之慰安。因此，当私塾先生拍着戒尺监督着儿童念“人之初”的时候，儿童的心灵是泥塞着；到得先生出了门，或者是“宰予昼寝”了，儿童们唱：

人之初，鼻涕拖；

性本善，捉黄鳝；……

这才是儿童的天性流露了，你这才看见了儿童的真相了。

村夫野老游女怨妇们所唱的歌，也就象儿童们趁着先生瞌睡的时候所唱的“鼻涕拖”“捉黄鳝”一样。譬如就男女情爱这一件事说，他们也未尝没有听见过“周公制礼”“周婆制礼”这一类的话，但他们全不在意，以为这只是大人先生们闹的玩意儿，于他们没有什么相干；他们当着大人先生的面当然不敢“肆无忌惮”，背了大人先生可就“无郎无姐不成歌”了。在别件事上，他们的态度也是如此。他们爱怎么唱就怎么唱。他们什么都不管，什么都不怕；他们真有最大的无畏精神。好在世间只有文字狱，没有歌谣狱，所以自由的空气，在别种文艺中多少总要受到些裁制的，在歌谣中却永远是纯洁的，永远是受不到别种东西的激扰的。

这是第一点。第二点是：歌谣之构成是信口凑合的，不是精心结构的。唱歌的人，目的既不在于求名，更不在于求利，只是在有意无意之间，将个人的情感自由抒发。而这有意无意之间的情感的抒发，正的的确确是文学上最重要的一个原素。因此，我们在歌谣中，往往可以见到情致很绵厚，风神很灵活，说话也恰到好处的歌辞。例如云南个旧有这样的一首山歌：

热头要落又不落，

小妹有话又不说；

小妹有话只管讲，

热头落坡各走各。

（《歌谣周刊》四十号，张四维先生采辑）

这真悲怆缠绵到万分了。我常说：这二十八个字，可以抵得过一部《红楼梦》。再如北方通行的“小小子儿，坐门墩儿”一章歌，在一般人看，并不觉得有什么希奇，我却以为自古以来，从没有什么文字能把北方小儿的神情声色描绘得这样逼真的。再如五据牛窑子地方（在内蒙古西南部）有这样的几句：

世上有四大宽滔：

穿大鞋，

放响屁，

河里洗脸，

校场里睡。

（法人Joseph Van Oost采辑）

在文字上，虽然并不见得怎样的美，然而西北荒原中的野蛮的阔大精神，竟给它具体的表现出来了。但是何以能表现得这样好的呢？这又要回说到歌谣的根本上：它只是情感的自然流露，并不象文人学士们的有意要表现。有意的表现，不失之于拘，即失之于假。自然的流露既无所用其拘，亦无所用其假。所谓不求工而自工，不求好而自好，这就是文学上最可贵，最不容易达到的境地。

歌谣在这一方面，能把人事人情表现得如此真切，在另一方面，它又并不胶粘在人事人情上：它也能有很超脱很奇伟的思想。例如我们江阴小孩儿所唱的这一章歌：

亮摩拜，

拜到来年好世界。

世界多，莫奈何！

三钱银子买只大雄鹅，

飞来飞去过江河。

江河过边姊妹多，

勿做生活就唱歌。

我是直到现在还认为不可多得的好文章的。外如《绵州歌》：

豆子山，打瓦鼓。

阳坪关，撒白雨。

白雨下，娶龙女。

织得绢，二丈五；
一半属罗江，
一半属玄武。

（杨用修送余学官归罗江诗借用）

和《送金娘歌》：

金娘金娘谁家女？
皇帝是我兄，
皇帝是我弟，
皇帝是我娃，
皇帝是我爹；
皇后我姊妹，
皇后我妯娌，
皇后我嫂嫂，
皇后我娣娣。
送娘送到那方去？
送娘送到那家里？
那方不南又不西，
那家不娃又不妻，
那个人儿黄面又黄须，黄冠又黄衣。
那个娘儿作大姬？
那个娘儿作小姬？
今夜小姬哭，
明朝大姬啼。
那个娘儿是大妃？

那个娘儿是小妃？

大妃当捉犬，

小妃当捉鸡。

金娘金娘十万八千里！

（见元初徐大焯所撰《烬余录》）

虽然字句上亦许已经受过了文人的修饰，而它那奇妙的结构，朴茂的气息，还依然保存着。若然我们觉得这种的作品是好的，我们在歌谣上用些采选的工夫，也就不能算得白费了。

我把我所以要爱赏歌谣的原由大致说完了。但是，这种的原由完全是主观的，完全是从情感上发生的，是并没有理智上的保障的。与我见解不同的人，当然可以说我不对，我也当然没有方法可以和他辩论。

我既然是个爱赏歌谣的人，自然不能专爱本国的，有时还要兼爱国外的。当我在国外的时候，虽然自己没有能就地采集歌谣，而五六年中所搜罗到的关于歌谣的书籍，也就不在少数（当然，现在还继续着搜罗）。回国以后，有时取出来看看，看到自以为好的，而又是方言俚语不太多，能于完全明白的，便翻出一章两章来。到翻得有了几十首了，就印成小小的一本。这完全是我个人余暇时的一种消闲工作，所以并没有什么通盘的规划，也并不预定要出几本，将来究竟能出到几本，要看我的余暇的时候多不多，兴致好不好。在这个年头，正可以悲歌当哭，且让这第一本小书出了世再说罢！

一九二七年四月九日刘复写于北京

（原载于《国外民歌译》第一集，北京北新书局1927年4月初版）

《光社年鉴》二集序

在去年此刻出第一集《光社年鉴》的时候，全社同人，谁也没有敢梦想到今年此刻能出第二集。为什么？因为把我们的不象样的东西拿出去与世人相见，只须稍有一点自知之明，就可以预料到失败多而成功少。所以我当时向几位朋友说："书是印成了一千本了，一捆捆的堆在我家里，要是到明年此刻还只卖出去三本半，那就对不起，只能送给我代煤了！"不料事实竟不如此。一千本书已卖去了八百多本，铜版费和印刷费都已能相当的收回，于是乎这第二集，也就不好意思不出了！在这一点上，我应当代表全社，感谢世人对于敝社的过分的奖借与宽容，——这是这一篇序中最重要的一句话。

在这一年中，北伐已经告成，中国已经统一，腐败的北京城，已被鲜明夺目的"青白旗"的光辉一荡而变为崭新的北平特别市，于是乎本社的名目，也由北京光社一变而为北平光社。至于中间的社员，说起来真惭愧得很，原是那几个老腐败，——新添的只有王鑁伯、程知耻两位；其因职业的变化而离平者，或因个人心绪不佳，暂将镜箱付之高阁者，却也有两三位。所以，就整个儿的光社说来，它原是去年的老样子，好像一支疲瘦的骆驼，全身沾满了尘埃煤屑，一拖一拖的在幽冷的皇城根下走。你要它努力，它努力不来。你要它急进，它急进不得。它只会一拖一拖，一步一步的向前走。

但同时有一个很好的消息可以报告于大众，就是：上海的华社，就在这一年之内成立了。因为华社的社员，多数是光社社员的好朋友，所以我们可以说：华社与光社，是同气连枝的团体；若学着少年朋友的时髦而且娇媚的声口，那就应该说：这是两个姊妹社。

但华社光社的目的虽然相同（这目的简单言之，只是弄弄镜箱，送两个钱给柯达克或矮克发，无论如何，总说不出什么天大的道理来），态度却不无小异。在我们这方面是昏庸老朽，愈腐愈化，愈化愈腐。在他们却是英气勃勃，不住的前进。所以华社虽然成立了还不很久，已在南方博得极好的声誉。我们在种种方面，可以看得出他们这一年中苦心努力的痕迹。

这实在是一件使我们万分愉快的事。因为我们自己的筋骨虽然松懈惯了懒得动，看着别人在热烈的动着，多少总可以增进我们一点勇气。从前苏东坡自己不能喝酒，却喜欢看别人喝。这是中国文士了解人生，玩味人生的最玄妙而又最高超的表现，我敢说中国文艺中，有无数极有价值的作品是从这一点推化出来的。所以，我们对于华社虽然不必说“太阳出了萤火该消灭”那一路的客气话，却也不妨说：“太阳出了我们身上也有光。”

因为说到了中国的文艺，不由得想起一句我一向要说而还没有说的话来。我以为照相这东西，无论别人尊之为艺术也好，卑之为狗屁也好，我们既在玩着，总不该忘记了一个我，更不该忘记了我们是中国人。要是天天捧着柯达克的《月报》，或者是英国的《年鉴》，美国的《年鉴》，甚而至于小鬼头的《年鉴》，以为这就是我们的老祖师，从而这样模，那样仿，模仿到了头发白，作品堆满了十大箱，这也就不差了罢！可是，据我看来，只是一场无结果而已。必须能把我们自己的个性，能把我们中国人特有的情趣与韵调，借着镜箱充分的表现出来。使我们的作品，于世界别国人的作品之外另成一种气息，夫然后我们的工作才不算枉做，我们送给柯达克矮克发的钱才不算白费。诚然，这个目的并不是容易达到的；但若诚心做去，总有做得到的一天。我今将这话郑重写出，作为本序的结论，用以笃促自己，并贡献于全国爱玩照相的同志们。

一九二八年十二月十五日刘半农

（原载于《北平光社年鉴》第二集，1929年1月版）

《梅兰芳歌曲谱》序

现在的世界，正是个群流并进，百家争鸣的世界，就政治说，有意国的法西斯主义，同时又有俄国的布撒维克主义；就文学美术说，有学院派，同时又有未来，立方，爹爹等派。把这些信仰，意趣，手腕绝端相反的东西放在一起，犹如白云观里一百三十五岁的老道之旁，站着个短裙短发的妙龄女子：这在主张思想统一，意志统一，一切统一的人看来，当然有些气闷。但世界就是这样的一个东西，而且永远是这样的一个东西，而且，彻底的说，非如此不足以成世界，非如此不足以成世界之伟大。要是把世界上的事物全都统一了，把世界上的人的身体，精神，举动也全都统一了，我们张开眼睛看去，所有的人都好象是一个模子里翻出来的土偶，回头看看自身，也不过是这些土偶中之一，请问到了那时，还有什么人生的意趣；人生意趣要是消亡了，世界也就跟着消灭了。

在戏剧这一个问题上，亦应作如是观。我可以不打自招：十年前，我是个在《新青年》上做文章反对旧剧的人。那时之所以反对，正因为旧剧在中国舞台上所占的地位太优越了，太独揽了，不给它一些打击，新派的白话剧，断没有机会可以钻出头来。到现在，新派的白话剧已渐渐的成为一种气候，而且有熊佛西先生等尽心竭力的研究着，将来的希望，的确很大，所以我们对于旧剧，已不必再取攻击的态度；非但不攻击，而且很希望它发达，很希望它能于把已往的优点保存着，把已往的缺陷弥补起来，渐渐的造成一种完全的戏剧。正如十年前，我们对于文言文也曾用全力攻击过，现在白话文已经成功了气候，我们非但不攻击文言文，而且有时候自己也要做一两篇玩玩。我们对于文学艺术，只应取赏鉴的态度，不应取宗教的态度。宗教的信仰是有一无二的：崇拜了耶稣当然不能再向谟哈默德跪。文艺上的赏鉴，却不妨兼容并色：这一分钟可以看了仇十洲的工笔仕女而心领神会，下一分钟尽可以看了石涛和尚的草笔山水而击节叹赏。

所谓旧剧，无论是京腔，是昆曲，均可称之为歌剧，与西洋的Opera同属一类。现在反对歌剧的人，不外乎两种：第一种人根本反对歌剧，无论是西洋的，是中国的，都在打倒之列；第二种人以为歌剧可以有，但中国的实在要不得，必须打倒了中国的而采用西洋的。

对于第一种人，我似乎可以不必多说什么；对于第二种人，却不得不将我所见得到的，用最简单的话语来纠正一下：

第一，他们以为中国的音律太简单，而且只有单音，没有配音。这句话并不十分真确：即使是真确的，也并不是中国歌剧的毛病。因为音律的简单与否，及演奏时有无配音，只是音乐中所取材料的浓淡问题，并不是音乐本身的好坏问题。譬如作画，大红大绿的油画固然可以很好，寥寥两三笔淡墨水画亦未尝不可以绝妙。

第二，他们以为中国歌剧的情节不好，而且种种做工，不合于自然。我以为歌剧重在音乐，情节不过是音乐所寄附的一个壳子，好不好没有什么关系。西洋歌剧的情节，也大多不甚高明。即如巴黎Opera里所演第一本拿手好戏《浮士德》，是根据德国哥德的小说编的。哥德的小说，固然是世界文坛上一部极伟大的著作，但到编成了歌剧以后，其重心即由文学的变而为音乐的，听戏的人，就只感觉到音乐的伟大而不再感觉到文学的伟大（脚本中已将哥德的词句大改特改，且歌词深奥，非预先读熟者不易听懂）。这时候的《浮士德》，只是Opera的音乐，附着于哥德的小说的壳子上；而哥德的小说的壳子，仅仅是齐东野语一流，就情节说并没有什么价值。至于说中国歌剧的做工不合于自然，就先该问一问歌剧的“歌”是否合于自然。我们人对人说话是用“话”，并不是用“歌”。自然的话既可美化而为歌，则将普通的动作美化而为做工，也当然是可以的，而且是必须的。譬如画图，真要合于自然，除非照相（是照相馆的照相，不是艺术化的照相）；若用笔画出，多少总有一点剪裁，总有一点个人的情绪在里面，就决不能自然；而艺术上所需要的，却在此不在彼。又如图案画，把不规则的实物规则化、几何化，与自然相离得太远了；然因其能将形与色剪裁得适当，配合得适当仍能自成为一种美，自成为一种很高等的艺术。我们对于戏剧中的歌剧，虽然不能恰恰比之图画中的图案画，却不妨就用看图案画的眼光看它。

第三，他们以为中国歌剧在组织上及设备上太不进步：最显著的如男女老少之互扮，布景及彩光之简陋或无有，锣鼓之喧闹，茶房及手巾把子之讨厌……诸如此类，我们也承认是很大的毛病，但与歌剧的本身无关。要是我们有意改良，改起来并不困难。

他们以为中国歌剧不能存在的理由，大概有这三种之多；而我以为中国歌剧可以存在的理由。却只有一种：

我以乐歌与戏曲，是和语言有基本的关系的。一国有一国特殊的语言，就应当自有其特殊的乐歌与戏曲，要不然，乐歌与戏曲的情绪韵调不能与语言相谐合，结果便成了个非驴非马的东西。我们听过采用东洋调子编成的小学唱歌，也听过硬用中国文字配合西洋音调的耶教赞美诗。要是这种的歌可以使我们满意，我就不说什么；若然听了要头痛，我就敢说：在中国语言未消灭之前，无论是贝吐文贝吐武做的曲子，都不能适用到中国歌唱里来的；能适用到中国歌唱里来的曲子，应当中国人自己做。要是你们学了——或者是，尚未学了——一点或半点的西洋音乐，就想现现成成的搬过来应用，恐怕天下没有这样的便宜事！

我并不以为中国原有的歌剧（无论是京腔是昆曲）就是理想的中国歌剧，理想的中国歌剧恐怕至少要有三十年的努力才能造成。但取原有的歌剧当做努力的底子，乃是一条极正当的途径：它尽可以有缺点，但究竟是基于中国的语言制造成功的，究竟是数百年或数十年来一般中国人听了觉得和自己的情绪韵调相吻合的；你尽可以把它改良，直改它到原来的面目完全消失，但必须按着步骤，渐渐的改去。若要把它一脚跌翻了搬进西洋货来，恐怕还不是根本的办法：根本的办法应当从禁说中国话入手！

梅畹华君要到美国去游历，天华替他编了一部《歌曲谱》，要我做篇序，我就把我对于旧剧的意见大概说一说。话虽说的简单，却自信是基本的理论，不是搔不着痛痒处的废话。

我不会捧角，而且今日的梅兰芳，也不象十多年前希望人家捧了，所以我对于梅君个人及其艺术，可以不说什么。

梅君到美国去，在别人以为是一件惊天动地的事，在我却并不觉得有何等重大的意义，因为乐人演员等到国外去游历或演奏，在欧美是很普通的。在中国，恰如三层楼上小姐，平时到后花园赏花，已很不容易，一旦要走出大门，到观音寺里去烧炷香，自然是破天荒了。

我所希望的，是梅君及其同行诸君到了国外，能有充分的机会可以增加些见识，以为回国后改良旧剧的参考。至于在美国演艺的成功或失败，却没有多大的关系，因为中国的历史语言人情风尚所产生的中国剧，能否为美国人所了解而得其赏鉴，本来是不可预知的。

一种艺术之得以发达，全赖具有相当的资格的爱护人（Patron）为之提倡，单靠艺术家自身是没有多大的力量的。在今日以前，中国旧剧是没有爱护人的，虽然满清的王公大人以及民国的军阀如张宗昌、褚玉朴等辈，也曾颠倒于旧剧，但只是糟塌旧剧的大混蛋而已，说不上爱护。现在李石曾先生特组中华戏剧社以为改良戏剧的有系统的，有规模的预备，这爱护人的一把交椅，当然要请李先生坐了。

歌剧中的文词，虽然并不很重，但如高山滚鼓般的不通到底，总未免太说不过去。从前编京剧的人，大概都是只能写写“两斤白面”“三斤豆付”的先生们，所以京剧的词句，大半都是要不得的。现有齐如山先生以其文学的手腕出全力帮忙，在这一层上，也总算有了个救星了。

以梅君在旧剧上所有的成绩与信用，加之以李先生的热心爱护，更加之以齐先生的大卖气力，而天华也愿意从旁打打杂，我想，中国的歌剧，或者从此有了些希望了。

但完美的中国歌剧，决不是三年五年之内所能看得见的：如我前文所说，至少要有三十年的努力，所以到我们看见完美的中国歌剧时，梅君已在六十大庆之后了，不象今天的翩翩的美少了。

十八年十二月三十日北平

（原载于《梅兰芳歌曲谱》，1930年版）

《中国俗曲总目稿》序

我们研究民间文学，从民国六年冬季开始征集歌谣起，到现在还不满十五年。在这个很短的时期之中，我们最初所注意的只是歌谣，后来就连俗曲也同样看重，甚而至于看得更重些。

歌谣与俗曲的分别，在于有没有附带乐曲：不附乐曲的如“张打铁，李打铁”，就叫做歌谣；附乐曲的如《五更调》，就叫做俗曲。所以俗曲的范围是很广的：从最简单的三句五句的小曲起，到长篇整本，连说带唱的大鼓书，以至于许多人合同扮演的嘣嘣戏，中间有不少的种类和等级。但我们没有把皮黄和昆曲包括在内。这里面也并没有多大的理由，只是因为这两种已经取得正式的舞台剧的资格，不在“杂耍”之列；若是望文生义，以为“雅”“俗”之分在此，那就错了：小曲中很有极雅的雅词，皮黄昆曲中也尽有俗不可耐的作品。

俗曲的搜集，虽然是北京大学歌谣研究会开的端，而孔德学校购入大批车王府曲本，却是一件值得记载的事。那是民国十四年秋季，我初回北平，借住该校。一天，我到马隅卿先生的办公室里，看见地上堆着一大堆的旧抄本，我说：“那是甚么东西？”隅卿说：“你看看，有用没有？”我随便检几本一看，就说："好东西！学校不买我买。"——"既然是好东西，那就只能让学校买，不能给你买。"——"那亦好，只要不放手就是。"后来该校居然以五十元买成，整整装满了两大书架，而车王府曲本的声名，竟喧传全国了。

北平书贾的感觉，比世界上任何动物都敏锐！自此以后，俗曲的价格，逐日飞涨：当初没人过问的烂东西，现在都包在蓝布包袱里当宝贝，甚至于金镶玉装订起来，小小一薄本要卖两元三元。这对于我们有志搜集的人，当然增加了不少的困难；但中央研究院历史语言研究所在这两三年中居然还能买到不少，这是我们很可以引为自慰的。

这一本目录里所收的俗曲，共有六千多种，其中标"车"字的即车王府曲本，标"平"字的是国立北平图书馆所藏，标"宫"字的是故宫博物院所藏，不标字的是史语所所藏；有几种是我自己的旧藏，现在还不忍出让的，也已抄录副本归入史语所，不另标字。

这六千多种俗曲的流行区域，共有十省，以北平为最多，江苏广东次之；江西也有两种，要是也算一省，就有十一省。如下表：

河北：四千一百〇九种（内北平四千一百〇三种，天津五种，磁州一种）

江苏：七百一十八种（内上海四百〇八种，苏州三百〇五种，扬州四种，南京一种）

广东：五百二十五种（全系广州）

四川：一百六十五种（全系成都）

福建：一百六十二种（内福州一百五十四种，厦门八种）

山东：一百三十九种（全系济南）

河南：一百一十六种（内开封一百〇二种，彰德十三种，许昌一种）

云南：六十六种（全系昆明）

湖北：二十四种（全系汉口）

安徽：十八种（全系芜湖）

江西：二种（全系南昌）

当初我们打算把这部目录叫做《中国俗曲总目》，后来觉得我们所见到的，在中国俗曲全体之中，恐怕还是很小的一部分，所以加一“稿”字，以为将来增补或重编的预备。

编目的方法如下：

一、以中国数目字示标题的字数（无标题者取第一句），标题字数相同者归在一起。

二、以阿拉伯码示标题中首三字的笔数；笔数少者排在前，多者排在后。

三、每曲抄录开首二行，以见内容之一斑。

四、一曲而有两个或两个以上之标题者，均互见编排，惟仅于较通行之一标题下录曲首，其余只列号数与标题，注明一名某某，见某某号。

五、抄，木，石，铅，为抄本，木刻，石印，铅印之省。

六、印本有出版处者均标明。

七、一曲在一本以上者记本数，仅一本者记页数，不满一页者记行数。

八、同一标题而内容不同者并录。如所录曲首两行已可示内容之不同，即不再标注，否则于标题下注明“与前种略异”或“与前种不同”。

九、所录曲首原本断句者从之，不断句者以己意断之；原本断句或字体显然错误者改正之。

我们从民国十七年冬季开始工作，一面编目，一面采访搜集，到现在排印完毕出版，费了三年多工夫，而所成就的，只是这一本目录，没有能做各曲的内容提要，没有能做分类比较的研究，更没有能谈到记载乐曲的工作，这是我们觉得十分惭愧的：其原因由于从事工作的人只有一两个，而且还各有别种工作，不能将所有的工夫完全放在这上面；另一方面，也可以知道这种工作看去很简易，实际异常烦重，非集合许多有兴趣而又有相当专门知识的人去做，恐怕得不到圆满的结果。

在第一年中帮我工作的是李荐侬、刘澄清两君，第二年以后直到出版，是李家瑞君，常惠君在开始时也从旁协助，我对于这四位应当在此地诚恳致谢。

李家瑞君以参加此项工作之心得，写了一部《北平俗曲略》；这是一部独立的书，但也可以与本书相辅而行，作为有力的补充，现在初稿已经写成，不久就可以校订完毕，特先为介绍。

民国二十一年三月十七日江阴刘复半农父书于平廨之含辉堂

（原载于《中国俗曲总目稿》，国立中央研究院历史语言研究所1932年5月版）

《初期白话诗稿》序目

李大钊一首

　山中即景

沈尹默九首

　公园里的二月蓝　月　雪　除夕　刘三来言子穀死矣　白杨树　秋　三弦　耕牛

沈兼士六首

　山中西风大作　见闻　早秋　真　遏先入山相访　泉

周作人一首

　两个扫雪的人

胡适五首

　唯心论（两稿）　鸽子　十二月五夜月　四月二十四夜作　除夕诗

陈衡哲一首

　人家说我发了疯

陈独秀一首

　丁巳除夕歌

鲁迅二首

他们的花园　人与时

以上作者八人，共诗二十六首。

这些稿子，都是我在民国六年至八年之间搜集起来的。当时所以搜集，只是为着好玩，并没有什么目的，更没有想到过，若干年后可以变成古董。然而到了现在，竟有些象起古董来了。那一个时期中的事，在我们身当其境的人看去似乎还近在眼前，至于年纪轻一点的人，有如民国元二年出世，而现在在高中或大学初年级读书的，就不免有些渺茫。这也无怪他们，正如甲午、戊戌、庚子诸大事故，都发生于我们出世以后的几年之中，我们现在回想，也不免有些渺茫。所以有一天，我看见陈衡哲女士，向她谈起要印这一部诗稿，她说：那已是三代以上的事了，我们都是三代以上的人了。

白话诗是“古已有之”，最明显的如唐朝的王梵志和寒山拾得所做的诗，都是道地的白话。然而，这只是有人如此做，也有人对于这种的作品有相当的领会与欣赏而已。说到正式提倡要用白话作诗，却不得不大书特书：这是民国六年中的事。从民国六年到现在，已整整过了十五年。这十五年中国内文艺界已经有了显著的变动和相当的进步，就把我们这班当初努力于文艺革新的人，一挤挤成了三代以上的古人，这是我们应当于惭愧之余感觉到十二分的喜悦与安慰的；同时我以为用白话诗十五周年纪念的名义来印行这一部稿子，也不失为一种借口罢。

在民国六年时，提倡白话文已是非圣无法，罪大恶极，何况提倡白话诗。所以适之诗中有了“两个黄蝴蝶”一句，就惹恼了一位黄侃先生，从此呼适之为黄蝴蝶而不名；又在他所编的《文心雕龙札记》中大骂白话诗文为驴鸣狗吠。其实，胡适之诗中用了黄蝴蝶就该称为黄蝴蝶，黄季刚文中用了驴鸣狗吠就不该称为黄驴鸣黄狗吠么？

然而古老的国粹先生决不肯作这种反省工夫。黄侃先生还是空口闹闹而已，卫道的林纾先生却要于作文反对之外借助于实力——就是他的“荆生将军”，而我们称为小徐的徐树铮。这样，文字之狱的黑影，就渐渐的向我们头上压迫而来，我们就无时无日不在栗栗危惧中过活，然而我们终于没有尝到牢狱的滋味——至少也可以说我们中并没有任何人在明白宣布的提倡白话诗文的罪名之下遭到逮捕——这就不得不有慨于北洋军阀的宽宏大度，实远在读圣贤书，深明忠恕之道的林琴南先生之上。

现在是时移世变，情形和当初大不相同了。虽然还有许多人对于白话文痛心疾首，一般人却已看做了家常便饭：愿意做的人提笔就做，不必有什么顾忌，不愿意做的人也只是不做而已，至多也只是摇头叹气而已，决不象林先生那样的拼命。所以，我把这一部稿子印出来，真是了无足奇。岂特了无足奇，亦许有许多思想比我们更进步的人要在旁冷笑，以为这算得了什么东西呢。不差，以鞋子里塞棉絮的假天足，和今日“裙翻鸵鸟腿”的真天足相比，那算得了什么东西呢？然而假天足在足的解放史上可以占到一个相当的位置，总还是事实。

这部稿子里有几点是值得说明的。第一，李守常先生不大做诗，亦许生平就只做过《山中即景》一首，而这一首的原稿可保存下来了。第二，陈仲甫先生白话文做得很多，旧体诗做得很好。白话诗就我所知道的说，只有《除夕》一首，这一首的原稿也保存下来了。李先生已在数年前做了牺牲，陈先生目下正在过他的看守所生活，这两首诗稿就愈见珍贵了。第三，鲁迅先生在当时作诗署名唐俟，那时他和周岂明先生同住在绍兴县馆里，诗稿是岂明代抄，鲁迅自己写了个名字。现在岂明住在北平，鲁迅住在上海，恐怕不容易再有那样合作的机会，这一点稿子，也就很可珍贵了。

我现在把这部稿子印出，并没有什么用意，也没有什么感想，也不想谋利，因为我同出版人说好："我也不要抽版税，你也不要定高价，希望同好的人购买起来可以方便些。"那么，究竟为什么要印呢？简单说来，只是因为有趣可玩而已。当然，现在的时候决然不是玩这玩那的时候，但我自己相信，我虽然不能担着大粪做直接生利的工作，也不能荷着长枪做直接救国的工作，而对于我自己名下的本分工作，无论在故纸堆中或新纸堆中，总还孜孜不倦未敢后人。现在弄这一些小玩意儿，正如小孩子上学回家取他所心爱泥人儿抱抚一回，若然做父母的人还要呵责他，旁人还要笑他"这孩子没出息"，那也自然无话可说。

有几位朋友劝我把自己的诗稿也放一两首进去，我却未能从命。第一，因为那时的稿子，早已没有，现在既然找不出，自然也不便倒填了年月假造。第二，听说有位先生编印世界名画集，内分三部，第一部是外国名画，第二部是本国名画，第三部就是他自己的名画。这真是一个妙绝古今的编制法，可惜我竟不能造起一个"初期白话名诗"之类的名目来，要是能于造成，我也就很有胆量和勇气把我自己的名诗放进去。

在旧纸夹中找到了七张《新青年》稿纸，就用来抄写初期白话诗稿的目录，且在目录后面随笔写了一大堆废话，到废话说完，七张稿纸也就快写完了。

二十一年十二月廿八日，半农刘复书于寓之含辉堂

（原载于《初期白话诗稿》，北平星云堂书店1933年影印版）

王芷章《腔调考原》序

平山王石渠君积多时研究之结果，写成《腔调考原》一书，将出版，以伦哲如先生之介绍，要求我替他做一篇序。序是我不大会做的，只能说，我既然侥幸得于此书出版之前即有阅读的机会，自然应当在读完之后，把自己的意见写出一些，以答谢王君的盛意。

就我所知道的说，朋友中研究中国戏曲史很努力，而已有相当的成功的，要算齐如山、周志辅、马隅卿、赵斐云、孙子书诸先生。齐先生注意于技术上的记载，周先生注意于梨园掌故，马赵孙三先生注意于剧本之搜集，从而探讨其情节上或词句上的流变：这些都是中国戏曲史中很重要的部分，他们诸位分道扬镳，穷年累月的做去，比到已往或现在的所谓谈剧家的轻描淡写的工作，情形大不相同了。现在王石渠君所做的《腔调考原》，虽然只有小小一本，我却认为可以列于齐周诸先生著作之林而独树一帜。因为，研究腔调的流变，就性质说来，是戏曲史中最重要的一部分。戏曲中所重者唱与做，而唱尤重于做。所谓腔调，拆穿了说就是唱法，就是歌唱时用的谱子。要是研究戏曲史而把这一件事忽略了，那我敢胆大的说，这一部戏曲史是永远不能完成的。正如要替某甲画一个肖象，把他的衣冠姿态，手足发肤都画了，却留着面上是白白的一块，没有给画上耳目口鼻。

但是，这一部分工作实在不容易做。假如已往的戏剧，都有详细的曲谱流传下来，那是只须费一点比较的工夫就好了。无如事实上，我们所能看见的，只有昆腔的曲谱是详细的，其余诸腔调，或者是全无曲谱，或者是虽然有一点，实际还等于没有。因此，要在这上面用功夫，决然不能得到成篇成段的有系统的材料，而只能就已往的记载之中，零零碎碎的找到一些影子。但已往的记载，即前文所说的轻描淡写的剧谈之类，又往往不十分可靠。因为这些记载的作者，并不全是有学问的，即使有一两人有学问，也只是为一般的赏鉴心理或好奇心理所驱使，甚而至于是为卑劣的捧角心理所驱使，随随便便的写一些；他们既没有把自己的记载当作一种正经著作，自然也就不肯用什么考据工夫：他们所说的话，也尽有是以意为之，完全不足依据的；也尽有是捕风捉影，彼此抄袭，陈陈相因，粗一看好像是诸家共主一说，已可认为定论，仔细一推求，却还立足不稳的。要在这种的记载里找材料，必须具有披沙炼金的工夫。然而我们所能有的沙就不很多，再要在沙里去淘出金来，自然更少，甚而至于可以说，能不能得到一点，还在不可知之数。向来有志研究中国戏曲史者之未能着力于腔调问题，其故即在于此。而王君偏能不怕难，偏能正对着这难的方向走去，无论他现在已走到了什么程度，无论他已得到的结果将来是否再有摇动的可能，他那种不怕难的精神与勇气，已值得我们钦佩，同时也做了他将来能于得到圆满结果的保障。

王君证明二黄调曾有两度入京，一在乾隆五十五年，一在道光十八年；又证明这两种二黄调的唱法不同。就我个人的意思说，这是全书中最精确，最有价值的一点；亦许将来王君还能在这上面推阐得更详细，更进步，但根本上是决不会摇动的。不过当初的二黄是否必须从竹而作“簧”字，后来的二黄之名，是否由于“湖广”二字切合而为“黄”字，我多少还有一点怀疑。王君以为西皮调不出于湖北而出于甘肃，我也觉得还有研究的余地，因为，就现在通行的西皮二黄而论，音乐色彩是很相近的，所以在一戏之中，西皮二黄同用者甚多；若说二黄出于湖北，西皮出于甘肃，地域相差得如此之远，恐怕事实上不容易有这样相近的音乐色彩，除非我们能从历史上或地理上找出特殊的理由来。王君对于秦腔、勾腔、昆腔、弋腔，及其他各腔，也都有相当的考证与论断，可惜我这几天正是忙不开交，而且行色匆匆，不日就要到察哈尔绥远一带去调查方言，只能略略一读，详细的研究，请俟异日。

读完了王君的书，忽然想起了我近数年来对于中国旧剧上所有的两种见解，不妨借此说一说。

第一点，有人说，古时的歌唱，都是一字一音，到近代才变成一字多音。这句话亦许未必绝对真确，但至少我们总可以说，古人歌唱之中，即使不全是一字一音，也决没有现在皮黄之中之所谓“翻腔”，把一个字翻到几十个音的。这种的翻腔，就美的立场说，当然不得不承认是一种进步。但翻腔的功用，只能助美；假使我们只能在翻腔上取胜，而不能从大处着墨，不能在歌曲的全部骨干上组织上求进步，那就等于文章作不好，却把词头儿堆砌得满纸，虽是取媚于俗人，终必见嗤于大雅。现在的皮簧，是不是已经走上了这一条路呢？

第二点，皮黄中的“板”，实在有限得很。此所谓板，实际是皮黄中所包含的种种不同的曲调，据王君书中所列西皮调二黄调两表，通共只有十几种。要把这十几种的板，配合人类中千变万化种种不同的情感，那是无论如何都做不到的。因此，我同许多人说过，此后的中国歌剧，应当不以专唱某一派的曲调为限，应当放开门户，把中国所有的曲调完全容纳：无论是皮、黄、昆、弋，以至于各地的民间歌曲，都可以采用于一剧之中；只要看某一段剧情，应当采用那一种曲调，就采用那一种曲调。若是没有现成的旧曲，就应当自制新曲。在必要时，也不妨采用西洋乐曲。艺术本无国界，皮黄所用的胡琴，既名曰胡，不分明是外国来的么？昆曲所用的笛，即所谓羌笛，不分明也是外国来的么？中国的音乐歌曲，自汉朝以后即深受外国的影响，隋唐以后更不必言。现在之所谓国乐国剧，血管中正有不少的外国成分，何一是道地的国货？我们的祖宗并没有关了大门拒绝外国歌乐，而我们做子孙的，不但要关大门，还要把大门以内的各重小门，也关得紧紧，彼此不通音问，究是何苦？王君书中指出“《三拜楼藏曲》有《盘丝洞》剧本两种：一种为［弦索］与［昆曲］合者，咸同以来，内庭梨园皆采用之；一为前有［二黄倒板］而后有［点绛唇］［新水令］［折桂令］……十支［昆曲］，则嘉道间所用之本也”。此可见古人的心怀，原不如今人之狭窄；或者可以说，古时伶人，“昆乱俱妙”，不若现在之低能；因低能而关门塞狗洞，原是情理中事！

我提出以上两点，当然不免要为旧派伶人和所谓剧谈家也者加以反对，而骂我为不懂旧剧。不差，我的确不懂。但我的懂不懂有什么关系呢？我只觉得以皮黄为正宗的所谓中国旧剧，现在已到了万分危险的时候：一方面是话剧的提倡与进步，一方面是西洋音乐之输入，有留声机、无线电、有声电影为之传播，日积月累的把一般青年闲着唱戏的兴趣，转而唱西洋歌。这两大宗势力是不可轻视的，将来都有夺取中国旧剧地位的可能。你们从事旧剧或提倡旧剧的人，若不放大眼光，自求可以奋斗可以生存之道，却一味抱残守缺，不肯改良；忘却了世界是进步的，不是停顿在一点上面的，那我就不妨老实告诉你们：到你们的残抱不住了，缺守不住了的时候，接着就是两个可怕的字：灭亡！

廿三年六月八日刘复敬序

（原载于1934年8月5日《人间世》半月刊第1卷第9期）

辟《灵学丛志》

由南而北之“丹田”谬说，余方出全力掊击之；掊击之效验未见，而不幸南方又有灵学会，若盛德坛，若《灵学丛志》出现。

陈百年先生以君子之道待人，于所撰《辟灵学》文中，不斥灵学会诸妖孽为“奸民”，而姑婉其词曰“愚民”；余则斩钉截铁，劈头即下一断语曰“妖孽”，曰“奸民作伪，用以欺人自利”。

就余所见《灵学丛志》第一期观之，几无一页无一行不露作伪之破绽。今于显而易见者，除玄同所述各节外，略举一二，以判定此辈之罪状：

（一）所扶之乩，既有“圣贤仙佛”凭附，当然无论何人可以扶得，何以“记载”栏中，一则曰“扶手又生”，再则曰“以试扶手”，甚谓“足征扶手进步，再练旬日，可扶鬼神论矣”，及“今日实无妙手，真正难扶”云云。试问所练者何事？岂非作伪之技，尚未纯熟耶？此之谓“不打自招！”（杨璇《扶乩学说》中，言“扶乩虽童子或不识字者，苟宿有道缘，或素具虔诚之心，往往应验”，正是自打巴掌。）

（二）玉英真人《国事判词》中，言“吾民处旁观地位……尚望在位者稍知省悟……庶有以苏吾民之困……”试问此种说话，岂类“仙人”口吻！想作伪者下笔失检，于不知不觉之中，以自己之身份，为“仙人”之身份，致露出马脚耳。

（三）《性灵卫命真经》之按语中，言“此经旧无译本，系祖师特地编成”。既称无译本，又日特地编成，其自相矛盾处，三尺童子类能知之。然亦无足怪。米南宫之法帖，既可一变而为米占元，则本此编辑滑头书籍之经验，何难假造一部佛经耶？

（四）佛与耶与墨，教义各不相同，乃以墨子为佛耶代表，岂佛耶两教教徒，肯牺牲其教义以从墨子耶？且综观所请一切圣贤仙佛中，并无耶教教徒到台，请问墨子之为耶教代表，究系何人推定？又济祖师《宗教述略》中，开首便言“耶稣之说，并无精深之理，不足深究其故”；中段又言耶教“盛极必招盈满之戒，如我教之当晦而更明也”。此明明是佛教与耶教起哄，墨子尚能以一人而充二教之代表耶？

（五）所请圣贤仙佛，杂入无数小说中人。小说中人，本为小说家杜撰，借曰世间真有鬼，此等人亦决无做鬼之资格。而乃拖泥带水，一一填入，则作伪者之全无常识可知。吾知将来如有西人到坛，必可请福尔摩斯探案，更可与迦茵马克调弄风情也！

（六）简章第九条谓“每逢星期六，任人请求医方，或叩问休咎疑难”，此江湖党“初到扬名，不取分文”之惯技也。下言“但须将问题先交坛长坛督阅过，经许可后，方得呈坛”，此则临时作伪不可不经之手续，明眼人当谅其苦心！

（七）关羽卫瓘济颠僧等所作字画，均死无对证，不妨任意涂造，故其笔法，彼此相同，显系出自一人之手。惟岳飞之字，世间流传不少，假造而不能肖合，必多一破绽，故挖空心思，另造一种所谓“香云宝篆”之怪字代之，此所谓“鼯鼠五技而穷”。

（八）玉鼎真人作诗，“独行吟”三字，三易而成，吴稚晖先生在旁匿笑，乩书云：“吾诗本随意凑成……不值大雅一笑也。”真人何其如此虚心，又何其如此老脸！想亦“扶手太生”，临场恍惚，致将拟就之词句忘却，再三修改，始能勉强“凑成”耳！

（九）丁福保以默叩事请答，乩书七绝一首，第一语为“红花绿柏几多年”，后三语模糊不能全读；后云，“此本不可明言，因君以默祷我故，余亦以诗一首报。”以此与第六项所举参观之，未有不哑然失笑者。

以上九节，均为妖人作伪之铁证，益以玄同文中所述各节，吾乃深恨世间之无鬼，果有鬼者，妖人辈既出其种种杜撰之技俩以污蔑之，鬼必盐其脑而食其魂！至妖人辈自造之谬论，如丁福保谓禽兽等能鬼，丁某似非禽默，不知何由知之；又言鬼之行动如何，饮食如何，丁某似尚未堕入恶鬼道，不知何由知之（友人某君言，“丁某谓身死之后，一切痛苦，皆与灵魂脱离关系；信如某言，世间庸医杀人，当是无上功德”）；至俞复之谓“鬼神之说不张，国家之命遂促”；陆某之将其所作《灵魂与教育》之谬论，刊入《教育界》——《教育界》登载此文，正是适如其分；然使之识浅薄之青年见之，其遗毒如何？如更使外人调查中国事情者见之，其对于中国教育，及中国人之人格所下之评判又如何？——则吾虽不欲斥之为妖言惑众，不可得矣！

虽然，彼辈何乐如此？余应之曰，其目的有二，而要不外乎牟利：

（一）为间接的牟大利，读者就其“记载”栏中细观之，当知其用意。

（二）为直接的牟小利，而利亦不甚小。中国人最好谈鬼，今有此技合嗜好之《灵学丛志》应运而生，余敢决其每期销数必有数千份之多，益以会友，会员，正会员，特别会员等年纳三元以至五十元之会费，更益以迷信者之“随意捐助”，岂非生财有大道耶？

呜呼！我过上海南京路吴舰光倪天鸿之宅，每闻笙箫并奏，铙鼓齐鸣，未尝不服两瞽用心之巧，而深叹伏拜桌下之善男信女之愚！今妖人辈扩两瞽之盛业而大之，欲以全中国之士大夫为伏拜桌下之善男信女，想亦鉴夫他种滑头事业之易于拆穿，不得不谋一永久之生计。惜乎作伪之程度太低，洋洋十数万言之杂志，仅抵得《封神传》中“逆畜快现原形”一语。

1918年4月

《扬鞭集》自序

我今将我十年以来所作所译诗歌删存若干首，按时期先后编为一集，即用第一首诗第一二两字定名为“扬鞭”。

我不是个诗人。诗人两字，原不过是作诗的人的意思。但既然成了一个名词，就不免带着些“职业的”臭味。有了这臭味，当然就要有“为作诗而作诗”的机会，即是“榨油”“绞汁”的机会，而我却并不如此。

我可以一年半年不作诗，也可以十天八天之内无日不作诗。所以不作，因为是没有感想；所以要作，因为是有了感想肚子里关煞不住。

有时我肚子里有了个关煞不住的感想，便把什么要事都搁开，觉也睡不着，饭也不想吃——老婆说我发了痴，孩子说我着了鬼——直到通体推敲妥贴，写成全诗，才得如梦初醒，好好的透了一口气。我的经验，必须这样做成的诗，然后在当时看看可以过得去，回头看看也还可以对付。至于别人看了如何，却又另是一件事。

请别人评诗，是不甚可靠的。往往同是一首诗，给两位先生看了，得到了两个绝对相反的评语，而这两位先生的学问技术，却不妨一样的高明，一样的可敬。例如集中《铁匠》一诗，尹默、启明都说很好，适之便说很坏；《牧羊儿的悲哀》启明也说很好，孟真便说“完全不知说些什么！”

原来做诗只是发抒我们个人的心情。发抒之后，旁人当然有评论的权利。但彻底的说，他的评论与我的心情，究竟能有什么关系呢？

我将集中作品按照时间先后编排，一层是要借此将我十年以来环境的变迁与情感的变迁，留下一些影子；又一层是要借此将我在诗的体裁上与诗的音节上的努力，留下一些影子。

我在诗的体裁上是最会翻新鲜花样的。当初的无韵诗，散文诗，后来的用方言拟民歌，拟“拟曲”，都是我首先尝试。至于白话诗的音节问题，乃是我自从民九年以来无日不在心头的事，虽然直到现在，我还不能在这上面具体的说些什么，但譬如是一个瞎子，已在黑夜荒山中摸索了多年了。

1926年3月3日

（原载于《扬鞭集》，北新书局1926年版）

《浑如篇》题记

与老友范君遇安（啬）不通讯问者经年，近忽自洞庭山中以所点阅旧书一册见寄，云得之苏州玄妙观前冷滩中者；且言如有复刊价值，即为付之北新主人。书系明刊，都三十六页，首页首行已损，致标题缺如。次行“昭阳元甫沈弘宇述”八字虽完整，殊未易据此考定书名。书中所记都青楼事。明代士夫著书泛记青楼事如此书者，余于十数年前见过三种：曰《嫖经》，曰《嫖赌机关》，曰《幽闲玩味夺趣群芳）。中惟第二种之前半，与此书甚相似，亦苦阅时已久，记忆恍惚，不能断其即是此书。今但以开首“世事浑如春梦”句，称之为《浑如篇》云。书中各篇，工拙互见。其工者如《九问十八答》之类，固能洞烛隐微，令人恍然于今古世情，初不相远；即其拙者，亦能于当时风习好恶，语言名物，质实指陈，足供学人之研讨。范君为余中学时同学，二十以后，野处躬耕，读书自适，生平足迹，未到青楼，今复刊此书，固纯乎学人之事也，惜世间不乏心眼不洁之人耳！

（原载于1926年6月《语丝》第87期）

也算发刊词

两星期前《世界日报》主人来找我办副刊，我却也官气十足的说：容我考虑一下。这并不是故意扭怩，实在因为办副刊，也犹之乎做财政总长。做财政总长要的是钱，办副刊的要的是稿；要是没有稿，也就说不到刊了。

后来我向我的几位做文章朋友探了探口气，问他们愿不愿帮忙。承他们的情，说，可以可以。我觉得空气很好，财政总长的背后有了银行家帮忙，也就不妨走马到任了。

今天是开市大吉，万事亨通之日，照例用得着说几句门面话。

报纸上为什么要有个副刊？这个问题是谁也回答不出的。不过好像是“报谱”上写着，有报必有副刊，于是乎有《世界日报》，就有了《世界日报·副刊》。

副刊应当怎么样办？这可没有什么准儿；办的人要怎么办，就怎么办。于是乎一挤，就挤到我身上来了；而我也者，乃是向来说不出什么办法，今日尤说不出什么办法的一个人。

我知道我自己是个读书人，然而读的书是不多的，而且很杂乱的。我虽然偏向着要研究些较为实在一点的学问，如语言学，语音学，乐律学之类，但对于一般的文艺，如诗歌，小说，民谣，杂记之类，也非常喜欢。至于纯粹的科学，只是算学物理两项，有时还要乱翻一下，其余的都觉脾胃不对，或者是从前没有下过预备功夫，现在也就没有勇气去学习。而生平之所绝对不能者，却有三事：即是担粪着围棋之外，再加上一个谈政。

因其不能担粪，所以至今没有能到民间去；因其连着棋也不会，所以非但不能当兵打仗，甚而至于不能和人家打架；因其不能谈政，所以至今是看见了有关于政治的书报就头痛。

这些都是关于我个人的话，何必要唠唠叨叨的说？然而不得不说者，为的是副刊既由我办，事实上就只能依着我的脾胃办去；我的脾胃是如此，那么将来所办出的副刊，也大致就不离乎左，不离乎右。若是诸位中对于这副刊有怀着更大的希望的，我就不妨干脆的预先奉告：你将来一定要失望，你还不如就从今天起，不看这副刊。

此外还有一件事应当说明：报纸并不是教科书，而办报的和看报的，也并不必要戴上方顶大帽子。虽然我们不免有了书呆子的积习，什么地方什么时候都要“三句不离本行”的露出马脚，而实在也很知道专门的讲学文章，应当有专门的书报去发表，决然不是什么普通的日报可以代为经办的。普通的日报，只是给我们随便浏览浏览，将一天中的用不着的光阴，消磨去一部分，而同时也说不定可以得到一些小益处。副刊的作用也只是如此，不过略略偏于书呆子一方。

因此，我们在这副刊里不妨意到笔随的乱谈天，反正我们所谈的是无有不呆的。我与几位同事先生，教书读书当然是正事，而没事时大家聚在一起乱谈天，也就几乎变成了正事一样。有时谈得不投机，大家抬起杠来，也就可以闹得象煞有介事，而实际所争者，也不过是“天地间先有鸡或先有鸡蛋？”一类的问题而已！因此，有人称我们那休息室为“群言堂”，取“群居终日，言不及义”之意。这大概是不错的。但我觉得便是这样，也总还比“饱食终日，无所用心”好一些。现在有了这副刊，亦许这“群言”的风气，不免要流播一些过来。若说这种乱谈是不值一笑的，那也就用不着你说，我们自己也早就知道是不值一笑的；而况我们这些人本身，“文不能测字，武不能打米”，也完完全全是不值一笑的。

话说完了。最后一句是：我办这副刊，办得下就办，办不下就滚蛋？合并声明，须至发刊词者！

（原载于《世界日报·副刊》1926年7月1日）

校点《香奁集》后记

韩致尧《香奁集》，余所见有三本。一《全唐诗》本，一吴挚甫《韩翰林集评注》本。两本所异，要有三端。《全唐》本小传称“《翰林集》一卷，《香奁集》三卷，今合编四卷”，而书中乃析《翰林集》为三，合《香奁集》为一。《评注》本则《翰林》《香奁》二集，均析为三。此一异也。《评注》本《香奁集》有序，《全唐》本无序，其《全唐文》中所录“《香奁集》自序”，则仅有“遐思宫体”已下一节，前半尽付缺如，盖妄人重文轻事者之所删乙。此又一异也。《评注》本有《初赴期集》《半睡》《南浦》《深院》《荔枝》诸章，《全唐》本均未载。又《评注》本《咏柳》二首，《全唐》本只一首。《全唐》本《想得》一首在《春闷偶成十二韵》之后，而《评注》本则在《闺情》之后。至《评注》本所载曲子《浣溪沙》二首，《黄蜀葵》《红芭蕉》二赋，《全唐》本自在不录之列。此又一异也。舍此三异，两本正文旁校，什九相符。或其初原是一本，传写既频，好事者为之任意补割，遂乃歧而为二耳。集录诗文，不外二法：曰按体，曰编年。两本诗体错乱，初意必是编年之作。而《闺恨》一首，原注壬申年作。后接《袅娜》一首，原注丁卯年作。后越《多情》《偶见》《个侬》三首，接《无题》四首，原序谓辛酉年作。按丁卯在辛酉后六年，壬申又在丁卯后五年。今前后倒置，则又显非编年，两本大病，其在兹乎。至其校订讹异，固自可取。然又仅言“一作”，不记出处，亦疏漏不足为训。此外别有竹坞钮氏袖珍本，康熙癸巳吴郡朱绳初复刊，并按旧本编入拾遗四首，附录《思录旧诗》一首。此本按体编排，甚便读者。今兹所刻，即以为据。其有此本所未收，而见于《全唐》《评注》两本者，则别为录出，附载卷后。惟《评注》本所录《黄蜀葵》《红芭蕉》二赋，不当混入诗中，故从节省。《全唐》《评注》两本所载旁校，今亦一一移录，但仍以此本为主。譬如此本本文作甲字，别两本本文亦作甲字，下注“一作乙字”者，自应直录；其或此本本文作甲字，别两本本文作乙字，下注“一本作甲字”，则今刻本文仍作甲字，下注“一本作乙字”；庶几兼收两本之益，仍留此本之真。或原校失之疣赘，如“奁”下注“一作籢”，“崔国辅”下注“一作辅国”之类，虽为识者不取，要自无伤，故悉仍其旧。致尧诗工夫风格，别有余友沈二作序论之，余惟一己之所深好，故为点校重印。昔居欧洲，案头常有此集，偶心意苦闷，翻取《五更》《南浦》诸章诵之，每每可解。而生平拘谨，见女人不敢正视，至今犹然，甚矣人之祇諆此集者之无聊也！且男女之欲，无殊饮食。必欲抑之，转酿横决病苦诸厄。仲尼采郑卫之诗，渊明作《闲情》之赋，此其所以不可及。而今古妄人，必以绝欲灭情为圣，抑又何耶！

1926年7月13日

重印《何典》序

吴稚晖老先生屡次三番的说，他做文章，乃是在小书摊上看见了一部小书得了个诀：这小书名叫《岂有此理》，它开场两句，便是“放屁放屁，真正岂有此理！”

疑古玄同耳朵里听着了这话，就连忙买部《岂有此理》来看，不对，开场并没有那两句；再买部《更岂有此理》来看，更不对，更没有那两句。这疑古老爹不但是个“街楦头”（是他令兄“红履公”送他的雅号），而且还是书摊旁边的“生根铁拐李”；以他这种资格，当然有发现吴老丈所说的那部书的可能。无如一年又一年，直过了五六七八年，还仍是“千人坑里掏卵子”，半点头脑摸不着。于是疑古老爹乃废然浩叹曰：“此吴老丈造谣言也！”

夫吴老丈岂造谣言也哉？不过是记错了个书名，而其书又不甚习见耳。

我得此书，乃在今年逛厂甸时。买的时候，只当它是一部随便的小书，并没有细看内容。拿到家中，我兄弟就接了过去，随便翻开一回看看，看不三分钟，就格格格格的笑个不止。我问为什么。他说：“这书做得好极，一味七支八搭，使用尖刁促掐的挖空心思，颇有吴稚晖风味。”我说“真的么？”抢过来一看，而开场词中“放屁放屁，真正岂有此理”两句赫然在目！

于是我等乃欢天喜地而言曰：吴老丈的老师被我们抓到了。

于是我乃悉心静气，将此书一气读完。读完了将它与吴文的笔墨相比，是真一丝不差，驴头恰对马嘴。

一层是此书中善用俚言土语，甚至极土极粗的字眼，也全不避忌；在看的人却并不觉得它蠢俗讨厌，反觉得别有风趣。在吴文中，也恰恰是如此。

二层是此书中所写三家村风物，乃是今日以前无论什么小说书都比不上的。在吴文中，碰到写三家村风物时，或将别种事物强拉硬扯化作三家村事物观时，也总特别的精神饱满，兴会淋漓。

三层是此书能将两个或多个色彩绝不相同的词，紧接在一起，开滑稽文中从来未有的新鲜局面。（例如六事鬼劝雌鬼嫁刘打鬼，上句说“肉面对肉面睏着”，是句极土的句子；下句接“也觉风光摇曳，与众不同”，乃是句极飘逸的句子）。这种作品，不是绝顶聪明的人是弄不来的。吴老丈却能深得此中三昧，看他不费吹灰之力，只轻轻的一搭凑，便又捣了一个大鬼。

四层是此书把世间一切事事物物，全都看得米小米小；凭你是天皇老子乌龟虱，作者只一例的看做了什么都不值的鬼东西。这样的态度，是吴老先生直到“此刻现在”还奉行不背的。

综观全书，无一句不是荒荒唐乱说鬼，却又无一句不是痛痛切切说的人情世故。这种做品，可以比做图画中的caricattire；它尽管把某一个人的眼耳鼻舌，四肢百体的分寸比例全都变了相，将人形变做了鬼形，看的人仍可以一望而知：这是谁，这是某，断断不会弄错。

我们既知道caricature在图画中所占的地位，也就不难知道这部书及吴老丈的文章在文学上所占的地位。

但此书虽然是吴老丈的老师，吴老丈却是个“青出于蓝”，“强爷娘，胜祖宗”的大门生；因为说到学问见识，此书作者张南庄先生是万万比不上吴老丈的。但这是时代关系。我们那里能将我们的祖老太太从棺材里挖出来，请它穿上高底皮鞋去跳舞，被人一声声的唤作“密司”呢！

我今将此书标点重印，并将书中所用俚语标出又略加校注，以便读者。事毕。将我意略略写出。如其写得不对，读者不妨痛骂：“放屁放屁，真正岂有此理！”

（原载于1926年4月5日《语丝》第73期）

寄周启明（三封）

启明兄：

今回寄上近作《瓦釜集》稿本一册，乞兄指正。集中所录，是我用江阴方言，依江阴最普通的一种民歌——“四句头山歌”——的声调，所做成的诗歌十多首。集名叫做“瓦釜”，是因为我觉得中国的“黄钟”实在太多了。单看一部《元曲选》，便有那么许多的“万言长策”，真要叫人痛哭，狂笑，打嚏！因此我现在做这傻事：要试验一下，能不能尽我的力，把数千年来受尽侮辱与蔑视，打在地狱底里而没有呻吟的机会的瓦釜的声音，表现出一部分来。

我这样做诗的动机，是起于一年前读戴季陶先生的《阿们》诗，和某君的《女工之歌》。这两首诗都做得很好：若叫我做，我做不出。但因我对于新诗的希望太奢，总觉得这已好之上，还有更好的余地。我起初也说不出所以然来。后来经过多时的研究与静想，才断定我们要说谁某的话，就非用谁某的真实的语言与声调不可：不然，终于是我们的话。

关于语言，我前次写信给你，其中有一段，可以重新写出：“……大约语言在文艺上，永远带着些神秘作用。我们做文做诗，我们所摆脱不了，而且是能于运用到最高等最真挚的一步的，便是我们抱在我们母亲膝上时所学的语言：同时能使我们受最深切的感动，觉得比一切别种语言分外的亲密有味的，也就是这种我们的母亲说过的语言。这种语言，因为传布的区域很小（可以严格的收缩在一个最小的地域以内），而又不能独立我们叫它方言。从这上面看，可见一种语言传布的区域的大小，和他感动力的大小，恰恰成了一个反比例。这是文艺上无可奈何的事。”

关于声调，你说过：“……俗歌——民歌与儿歌——是现在还有生命的东西，他的调子更可以拿来利用。”（《新青年》八卷四号《诗》）这是我们两人相隔三万多里一个不谋而合的见解。

以上是我所以要用江阴方言和江阴民歌的声调做诗的答案。我应当承认：我的诗歌所能表显，所能感动的社会，地域是很小的。但如表显力与感动力的增强率，不小于地域的减缩率，我就并没有失败。

其实这是件很旧的事。凡读过Robert Burns，William Barnes，Pardric Gregary等人的诗的，都要说我这样的解释，未免太不惮烦。不过中国文学上，改文言为白话，已是盘古以来一个大奇谈，何况方言，何况俚调！因此我预料《瓦釜集》出版，我应当正对着一阵笑声，骂声，唾声的雨！但是一件事刚起头，也总得给人家一个笑与骂与唾的机会。

这类的诗，我一年来共做了六十多首，现在只删剩三分之一。其实这三分之一中，还尽有许多可以删，或者竟可以全删，所剩的只是一个方法。但我们的奇怪心理，往往对于自己新造的东西，不忍过于割削，所以目下暂且留剩这许多。

我悬着这种试验，我自己并不敢希望就在这一派上做成一个诗人；因为这是件很难的事，恐怕我的天才和所下的工夫都不够。我也不希望许多有天才和肯用工夫的人，都走这条路；因为文学上，可以发展的道路很多，我断定有人能从茅塞粪土中，开发出更好的道路来。

我初意想做一篇较长的文章，将我的理论详细申说，现在因为没有功夫，只得暂且搁下。一面却将要点写在这信里，当作一篇非正式的“Dedio”。

我现在要求你替我做一篇序，但并不是一般出版物上所要求的恭维的序。恭维一件事，在施者是违心，在受者是有愧，究竟何苦！我所要求的，是你的批评，因为我们两人，在做诗上所尝的甘苦，相知得最深，你对于我的诗所下的批评，一定比别人分外确当些，但这样又像我来恭维你了！——其实不是，我不过说，至少也总没有胡“蚕眠”（！）先生那种怪谈。

现在的诗界真寂寞，评诗界更寂寞。把“那轮明月”改做“那轮月明”凑韵，是押“称锤韵”的人还不肯做的，有人做了。把新芬党人的狱中绝食，比做伯夷叔齐的不食周粟，是搭截大家还不敢做的，也有人做了。做了不算，还有许多的朋友恭维。

这种朋友对于他们的朋友，是怎样的心理，我真推想不出。若说这样便是友谊，那么，我若有这样朋友，我就得借着Wm. Blake的话对他说：

“Thy friendship of has made my heart to ache: ——
Do be my enemy, for friendship's sake.”

我希望你为友谊的缘故做我的朋友，这是我请你做序的一个条件。

1921年5月20日

启明兄：

前三日寄出一篇小文，想已收到。

你寄给我的《语丝》，真是应时妙品。我因为不久就回国，心目中的故乡风物，都渐渐的愈逼愈近了。在报纸上偶然看到了隆福寺琉璃厂等地名，心中总以为这就离我大门不远，我可以随意去走走，花上一毛两毛，拾几本不相干的书。若然想到了朋友们，那竟是个个都到了面前了。启明的温文尔雅，玄同的激昂慷慨，尹默的大棉鞋与厚眼镜，什么人的什么，什么人的什么……嘿！这都只是些幻觉，并没有什么“甘脆的mystic”！

然而《语丝》竟把诸位老朋的真吐属，送到了我面前；虽然其中也有几位是从前不相识的，但将来总是很好的朋友。那么，你也可以想见我是多么的快活了！

《语丝》中使我最惬意的一句话，乃是你所说的：“我们已经打破了大同的迷信，应该觉悟只有自己可靠……所可惜者中国国民内太多外国人耳。”我在国外鬼混了五年，所得到的也只是这一句话。我在两年前就有把这话说出的意思，但恐一说出，你就第一个骂我（因那时你或尚未打破大同的迷信）。别人骂我全不相干，因你是我的“畏友”（五年前的旧话重提了），不得不谨慎些。现在你先说了，我也就放肆了。

我们虽然不敢说，凡是“洋方子”都不是好东西，但是好东西也就太少。至少也可以说：凡是腿踏我们东方的，或者是眼睛瞧着我们东方这一片“秽土”的，其目的决不止身入地狱，超度苦鬼！

想到上海流氓有“外国火腿”这一个名词，有一部分人以为本国火腿当然不好，外国火腿却是当然该吃。因此他们说：外国人所以待中国人不好者，是中国人先自不好的缘故。又一部分人能于在外国火腿中分别牌号：白牌的火腿就不好，红牌的就是蜜甜的。但就我原始基本的感觉说，只须问是不是火腿，更不必问什么。我用“原始基本”这四个字，乃是把我自己譬作一个狗，无论是中国人英国人俄国人，他若踏我一脚，我就还他一口。这种思想当然不易为“人”所赞成，因为《逻辑启蒙》上说，“人者，理性动物也”。但我在此处，只是说说我个人的意思；我并没有功夫，精神，兴趣来宣传我这种主义。因此“他们”也尽可以安心，不必顾虑着有一条“恶狗拦当路”。

其实其实，梦也可以做醒了！别的不说，便说赔款这一个问题罢！日本是退还的了，其结果怎样？英国也将要退还了，结果怎样，睁着眼睛看罢！还有许多人要想法国退还，替中国人办学，却不知道法国巴黎大学的物理学教授郭东先生天天在那儿皱眉叹气，说国家太穷了，有许多重要仪器都办不了。

我们吃了败仗，我们赔，我们咬紧了牙齿赔，还有什么话说。上海流氓大叫三声好汉，自己戳个三刀六洞，这又是我的原始基本的办法了！

因为溥仪君的一件事，你与玄同都作了一篇文章。玄同文章中还有点牢骚，你的却完全是至诚的忠告。无如这位世兄，一则是年纪尚轻，程度尚低，二则是被他不良的家庭教育坏了，你们的话，说上去总不免有些隔靴搔痒。

但是我有些不明白，为什么你们这样起劲？据玄同所说，他从非人升而为人，也不过同青皮阿二出了习艺所一样。那么，为什么天天有青皮阿二出习艺所，你们并不天天写信做文章，却偏在这位世兄身上卖气力？若说你们心中，欲存着他是“前皇帝”的观念，那么，你们也就逃不出“狗抓地毯”的一条定律了！

次一件事，是你与某君所讨论的女裤问题。我想：这种的事不如不谈也罢。我并不以为这件事不能谈，也并不说你们的主张不对。但我总以为服装问题，只有“时尚”是个真主宰；科学家与审美家，都处于无能为力的地位。即如反对缠脚，若单靠了生理学家与审美学家的呼喊，恐决没有多大的力量；而从前垫高底装小脚的太太，现在一变而为塞棉絮装大脚者，一大半还是受了洋婆子“裙翻鸵鸟腿”的影响。又如高底皮鞋，外国的生理学家没有一个不反对的；但是不幸，他若替他夫人化一百法郎买一双鞋，他就糊涂了！又外国女人盛夏时可以披皮，严冬时可以披纱。你若要从这里面找出个理由来，恐怕也就很不容易。

外国女人穿短裤（说外国女人不穿裤，我有点不相信；我虽没有到外国女人身上查验过，但衣服铺子的广告上，总画着许多女裤，想来是穿的），在现在是没有例外的了。但我看见古装跳舞里，也有长过于裙的女裤（式样同中国太太的差不多）。又最近二三年来，法国女人在家里喜欢穿pyjama；当初只是当作寝衣，现在竟当作随便的家常衣。这种衣服的式样，十之九是一套中国男人穿的小裤褂，只是多上些花边，裤管也很长。从这两件事实上看，可见裤管短长，本身并不具有根本的美丑；美丑乃是时尚造成的。那么，现在“裙翻鸵鸟腿”的时尚，在中国已有了极大的势力，再过几年，长裤准可消灭；你们两位，不是有些多事么！

在外国研究服装的，可以分作三派。一派是生理学家，就是反对捆腰，反对脂粉，反对高底皮鞋的。他们的势力极小，连“刑于寡妻”也不够。第二派是成衣美术家，附庸着成衣美术评论家，而舞台衣饰美术家，也可归并在一起算账。他们的势力很大，便就巴黎一处说，所出周刊日刊，就有好几十种。有时他们打起笔墨官司来——例如一九二一至二二两年间的长裙短裤问题——一打可以打上半年，而且巴黎一动手，伦敦纽约等处也同时响应。第三派是服装史家，他们所出专书，就我在书摊子上所看见的说，也就有数十种。他们研究的结果，于历史上有极大用处。譬如年年五月中的贞德节，节场上卖东西的，变把戏的，以至于咖啡馆跑堂的，都穿起贞德当时的衣服来，连房子城堡，也做成当时式样，我们进去看看，有多大的趣味！至于历史戏的服装，那是不容说，尤其可以借着这专门学问，得到无限的帮助。

你们喜欢研究服装么？我希望你们做这第三派的服装史学家。

你批评林琴南很对。经你一说，真叫我们后悔当初之过于唐突前辈。我们做后辈的被前辈教训两声，原是不足为奇，无论他教训的对不对。不过他若止于发卫道之牢骚而已，也就罢了；他要借重荆生，却是无论如何不能饶恕的。

就《语丝》的全体看，乃是一个文艺为主，学术为辅的小报。这个态度我很赞成，我希望你们永远保持着，若然《语丝》

的生命能于永远。我想当初的《新青年》，原也应当如此，而且头几年已经做到如此，后来变了相，真是万分可惜。

说到文学，我真万分的对她不起。她原是我的心肝宝贝！我虽不甚喜欢批评的文学，却爱自己胡诌几句（当然也说不上是创作）。可是自从到了欧州以后，一层是因为被一加二减直线曲线缠昏了，二层是因为讲究文学的朋友竟是没有，诗炉里生不起新火，竟几乎把她忘了：她竟如被我离弃得很渺远的一个情人一样。

但有时倦乏了，竟还想着她；她也有时居然肯来入梦！

我出国后作的诗，大都已抄给你看了。

我搜集的国外民歌，中间真有不少的好作品。我本想选译到了相当的程度，好好排比之后，出一部专书。现在却拟改计，译一些发表一些，将来译多了再整理。发表的地方，颇想借重《语丝》，不知你要不要把他一脚踢出。但如《歌谣》里也要，就只有平半分赃之一法。

我希望回国之后，处于你们的中间，能使我文学的兴趣，多多兴奋一些。

1925年1月28日

……

船快到上海了，赶着写封信与你，预备一到上海就付寄。其实这封信也尽可以不写，因为见面在即，要懒也就懒过去了。无如从马赛开船以来，船愈开愈近本国，我的手便痒着愈想写，结果终于是写了；非但写了，而且恐怕要写得很长。若然你看了觉得这种多言而无益的信还不如不写为妙，那就不要怪我，只怪我的手，见面时请你痛责手心十下便了！

离开了本国五年半，到今年一月一日以后，就无一日不打回国的念头。明知回国之后，所闻所见所接触，无非是痛苦愤恨而已；但即使是痛苦愤恨，也总觉要同他挨近了才甘心。这种的心理我自已也不能解释；亦许是理知上的事是可以解释的，感情上的事是根本的不能解释的。

因为，某种原因（你所知道的），我们直挨到了六月十七日才能从巴黎动身到马赛。原定的开船期是六月十九，却不料到了当天，因为船上的厨子闹罢工，船不能开。等到罢工风潮完毕了，轮船公司又大打其小算，索性将船期缩减一班，将两班合一班，延至七月三日开行。这一来，我们就大倒其霉了。不但是腰包里起了恐慌，便在这无可流连的马赛地方，俘虏般的硬等上两礼拜，听着马赛人说那“C’est engtengdu”派的土音，也就无聊到万分以上了。

到马赛街上去走走，觉得同巴黎也就差不了许多。加非（咖啡）馆仍是那么的多，可是增加了不少的乞丐。有一次，我从客栈中走出，走了至多不过是北大一院到二院那么多的路，就碰到了七披（批）的乞丐；其中有一披是一个女人坐在地上，一个八九岁的大孩子躺在一旁，裸着体，一个两三岁的小孩子抱在怀中。这种景象只有我们东方野蛮国里有罢！在巴黎文明都会里是永世看不见的！

在巴黎街上处处有雕像点缀，到了马赛就简直没有了。马赛的建筑物，只有一个Notre Dame de la Garde很特别，乃是在一座俯临全城的小山顶上，造起一座礼拜堂，礼拜堂顶上造一座奇大无比的金身圣母像，数里之外，面目犹隐约可辨。欧洲的建筑物，我虽然看得很少，但就所看见的几个说，有如伦敦的圣保罗与西明斯德，巴黎的娘娘庙与曼特林，都是大名顶顶（鼎鼎）刮刮叫的，可都是庞大有余，气魄不足。至于凡赛行宫，那简直是个校场上的演武厅的廓大，可加以评语曰岂有此理！

我所看见的较有气魄的欧洲建筑物，只有两座，其一是比国的大理院，其二便是这马赛的天后宫。（我上文将巴黎的Notre Dame戏译为娘娘庙，此处又将马赛的译为天后宫，因为马赛人有个迷信，说凡是航海的人，若经过此圣母像而不行礼，则海程不利，其事与吾国海人之敬礼天后同）但若要与我们中国的建筑物相比，就差得多了。便就北京说，非但是三殿，单是崇文宣武永定三门，已很够表出泱泱大国之风，没有半点小鬼气象。（听说前年吴秀才有拆毁三殿之意，真是该死该死该该死，混蛋混蛋混混蛋！）

这马赛的天后宫，寿命已有一千年了，看去还像新的一样。可怜西湖上的雷峰塔，早就破烂得像个火烧癞痢头，到去年索性倒掉了。若说我们中国人野蛮不开化，在这不能保存古物一点上，却正可以当之而无愧！离巴黎前得兼士来信，说有个美国人要到新疆开掘古物，北大也派陈万里先生同去。当真！这已是中国学术界中破天荒的一件事了。但试问新疆是中国的土地，美国人岂能自由开掘！若换作美国土地上有什么一宗古物发现了，我们中国人能不能去开掘？可怜我们中国内务部的一班官老爷，对于北京古物陈列所里的一些劳什子，便爱护到什么似的，连看的人要动笔抄写都不许（这是全世界中没有的怪事，其中自有隐衷，姑置不论），偏在这等处，却大阔气而特阔气，哼！好东西，你还配得算有脑筋么！

法国是个文化集中的国家，可惜是太集中了。若然你只到过巴黎，你必定要说法国是世界最美最富的一国。到一出巴黎城，可就两样了。单就Colombes 一处（就是从前开豆腐公司，现在设有华法教育会的“华法事业”的发祥地）去一看，已就憔悴可怜，够叫我们摇头叹气。若说马赛，本是法国的第一海港，而且也是第二名都（也有人说里昂是第二，马赛是第三），据我们想，他至少也总有巴黎的一半或三分之一大，那知大大不然，简直连十分之一也赶不上。大街只有三条半；最大的铺子只能比到巴黎的三等铺子；游观之地如博物院、公园、戏院等，也只能说声算啦，有的有的！最奇怪的是当地完全没有印过一本书，所有的书都从巴黎运来，由小书铺发卖。我说小书铺，因为这种书铺的局面，不过和东安市场①上的大一些的书摊子差不多。非但是书，便是普通用品，也时感缺乏。我要买六打S.E. 的干片，只买到了四打，要买个小红灯泡，竟没有买到。总而言之，我们从巴黎到马赛，只在火车上走了十二个钟头，已换了一个世界。所以我们说笑话：若然有人拿个大炸弹从铁塔顶上掷下，将巴黎一下炸光，法国的文明，就从此rien du tout了！

但有一事不要忘了，马赛的火肉，熏肉，香肠都很好很便宜。

马赛有两种特别店：一是刷靴店，一是毛厕店。

开船的一天到了，一到码头边，就看见一个挑水的中国工

① 原文脱“场”字。

人。“挑”之一字，本是欧洲字典中没有的，所以我们一看见挑水，已就接触到了故乡风物了。到上船之后，见三等舱中的茶房，都是中国人，但可惜都是广东人，要说国语是说不通，要借用法语也是借不通。到了此处，真感到了国语没有统一的痛苦。像章士钊那小鬼，胆敢想做禁用国语的屁事，固然是罪在不赦。便是过于热心于国语的先生们，不从大处着想，只在小枝小节上左挑右剔，弄得国语问题起根本的摇动的，我也要斩钉截铁的说：厥罪惟均。

我们梦想回国，已有那么多的时候，所以到了真要回国了，心中只是充满了回国以后如何欢慰的梦想，对于法国，并没有什么留恋。但到船渐渐的离开码头了，小蕙高唤了几声的adieu，la Frante!可又把我唤回到了巴黎的拉丁区里去了。法国人常说：法国是外国人的第二祖国。这话虽然过分些，可至少也有一半是真的。因为到了法国的人，往往自己并不觉得是个外国人；所以如此者，因法国的外国人太多，法国人看惯了，也就决不把你当做外国人了。因其如此，所以外国人到法国，总比到别国舒服些。这是法国的好处。但也有他的坏处：有许多人到了法国就不想回去了。启明你相信么？巴黎留学界中，还有一千八百九十几年派来的老前辈，换句话说，便是十九世纪中的老前辈！问他学到了些什么呢？恐怕除向婊子问价说声Com bien？之外，也就没有什么罢！

至于我之于拉丁区，也就说不出他的具体的好处来。卢森堡里坐坐也呒啥罢，可惜我觉得人为的公园，总有点俗不可耐。但拉丁区总还是好的。我觉得他正如我穿了三年到临走时才抛去的一件破棉袍，穿着了总是舒服，不穿总是难过。现在和他相别了，虽然未必便是永别，却至少总要别上三年五年罢！

开船以后，船便在地中海里走。地中海的风浪，一向是有名的，这一次可真是风平浪静；走了五天五夜，只有些小小的簸动。开船的第二天正是阴历五月十五，在欧洲五六年中从没有能看见过很好的月亮，此番可给我大看特看了。半夜时全船都已睡静，我还仍旧在甲板上，直看到两点多钟才下舱，写了二十八个字：

人声寂寂中天静，

三五疏星竞月明。

一片清平万里海，

更欣船向故乡行。

做旧诗我本是外行，这不过将行程所经，写下留个纪念，等于旧小说中“有诗为证”一类的歪诗便了。

这回同船的中国人大多而特多，比到来时只有禧文一人作伴，情形大不相同了。中国人中乘头等的有一位，是荆生将军的秘书，现在失了宠，送他盘费，请他打地盖了。乘二等的原来只有一位，是个从美国绕道欧洲回国的学生，“像煞有价事”到了不知其所以然。后来又加了一位，乃是从三等舱中转过去的。这位先生从美国转学英国，他说三等舱是下等人坐的，所以情愿打电报到巴黎，筹了三千法郎改二等，但已屈辱他做了近一礼拜的下等人了！

三等舱中有二十四五个中国学生和一个“外交官”，四等舱中也有十几个学生。其中旧相识很少，只有一位周梅荪先生，是个睏在书堆里的蠹鱼，一位程演生先生，那是无须介绍得的了。

在这许多学生中，习“虚学”的很少，习“实学”的很多：有造玻璃的，有纺织的，有造糖造啤酒的，有装置电机的……我觉得这种人的留学，真已能走到了一条正路。他们知道在欧洲居留的时间不能多，不能多在理论上用咿唔咕哔的功夫，所以赶快学成了一种技艺，预备回国去应用。这种的技艺，在我们摇头摆脑的新冬烘看起来，或者可以说是不登大雅之堂，而实际却是挽回中国国脉的“夺命丹”。因为我觉得中国社会之根本不如欧洲社会者，只在于一般人民之生活不安。若老是整天的愁穷叫苦，吃朝顿，没夜顿，即使是洋鬼子不用大炮打来，我们也迟早必有自毙的一天。要挽回这种危险的局面，惟有赶快设法增进民间的富力。要增进民间的富力，靠大工业是靠不住的，因为大工业只是成全了几个资本家，造就了无数的猪仔似的苦力。靠小工业也是靠不住的，因为织席卖履的小工业，并无补于民生国脉；试看土耳其人摆小摊子的本领，总算是世界第一的了，而其老不长进依然如故也。大工业小工业既然都不行，那就不得不求之于中等工业，就是资本在五万以至十万之间的工业。若然我国每一大县有这种工厂三五家，每一小县有一二家，你看罢！不出十年，我们的面目，必然完全两样了。必须到了那时，然后才可以在教育上收到在当的效果。这正合于孔老先生“既富矣然后教之”那一句话。照现在的情形，凭你是段老爹，张老爹，冯老爹，至多只能在烂腿上多贴一两个膏药而已。我并不是研究社会经济的，或者我所说的完全等于吴鉴光的瞎说，但我自己总还觉得不甚大错。因此我很希望同船诸公，回国后好好的干，不要今天一场牌，明天一席酒，到一年半载之后，将所学到的完全从粪门里泻了出去。我更希望社会能看重他们，成全他们，不屈逼他们去做卖子女的勾当，也不请他们去做官，戕贼了他们的人格。

四等舱中，除中国学生外，还有一帮潮州华侨，是从南美洲转道欧洲回国的。这班人也是老老实实，忠忠厚厚的，但说到清洁问题，可就有些可议了。有一天早晨，我看见他们所带的一个小孩，在篷帐门前撒溺，就有一人将乱纸蘸了溺，塞入小孩口里！这种的惩罚可真是“出乎意表之外”了，但他们做大人的在甲板上随口吐痰，吐了随便的脚底一擦，也未免太自由罢！但这种的自由并不是我们中国人所专有，有一个法国女人，晕了船就不择地的乱呕，甲板上也呕，饭厅上也呕；非但自己呕，还纵容小孩子在饭厅扶梯旁撒溺，撒的满屋子奇臭。

在学生中，也闹了一些小笑话。开船一天之后，就有三个学生和前文所说“外交官”也者，在饭厅上大打其麻雀（将）。整整打了两天，不知为了什么发生了争端，只听得拍的一声，“外交官”已吃了一个耳光，“外交官”岂肯答应，随手拉过一个汽水瓶来，乓！接着又是一个盘子，接着又是一个糖盂，接着又是一个盘子……打成一片的乒乒乓！幸而拉的人多，没有伤人。明天船上办事处将这“外交官”及其对手者叫了去，痛骂一顿了事。这在他们有什么要紧呢，但我们全体中国学生的脸，给他丢净了！呜呼，此其所以为“下等人”欤！

在船上或在火车里的光阴，总是开始时过得很快，愈入后便愈慢。从马赛到波赛，也有五整天的功夫，但只是一刹那的过去了。我现在想来想去，再想不出当时做了些什么，只记得开船第三天看了意大利的Stamboli火山。以后曾谈过几次吴稚晖老先生。

意大利的火山，前回来的时候在夜半经过，又正碰着了他的喷火期。那时我们都已睡了，听着了消息便披衣跑上甲板去看；那冷风扑面，熔石飞空的景象，至今还如在目前。这回却不凑巧，经过的时间是在上午七点，又不在喷火。因此看火山只看到了“烟山”，虽然船离火山极近，几乎连喷火口都可以看得清楚，可更觉得索然无味了。亦许是山灵有知，前一次是给我一个美术的欣赏，这一次是给我一个科学的观察；无如我既不是美术家，也不是科学家，那真是辜负了他的盛意了。

火山是害人的东西，但我们在黑夜里看火山喷火时，心中就只有一个美的观念，再不去管他是害人是益人。这正如你批评谭百姿中所说，决不因为看了剑托上的雕刻，就想到了杀人。但在这等处，究竟也有不少的区别。譬如常州有位前辈先生，据他的后进们说，他在前清做官时，吃不下饭了就要向监牢里提出几个犯人来当庭砍去了下饭，这叫做什么话呢？又如《新潮》里登过一篇小说，说有一个包造避火房的工程师，一味偷工减料，到他所造的房子遭了火，他还嘴里嚼了一块糖，挤在人群中看火，看着一个个的人活剥剥烧死，这又是什么话呢？

至于谈到吴稚晖先生，乃是因为那一帮潮州朋友中，有一位老者貌似吴先生而引动了头。一动头，就有几位当初跟着吴先生到法国，后来又跟着他在里昂读书多时的朋友，一齐加入谈天。于是一件一件的讲：讲到他到香港时，贴出条子，叫大家谨防𢬵手，结果是他老先生自己被𢬵去了二十八块钱。讲到同船有某位先生的裤子破了，他替他缝补好了。讲到船上的毛房脏了，他提了水去仔仔细细，一丝不苟的洗干净了。讲到他在里昂，两法郎一天过了好多天。讲到有人向他借钱，他说我吴稚晖老了，□□卖不出去！讲到他每天晚饭后坐在石墩上谈天，环而听者数十人，他讲了些什么什么，什么什么，结果是他指着某位先生说：当心，你还是坐下的好，别叫小兄弟气恼了！又说：老鹰□□满地红，这有什么要紧呢！……诸如此类，此时记不胜记。总而言之，吴先生是个百开不疲的话匣子，所以我们的话匣子一开，也就再也关不住的了！

吴先生是当今一大奇人：这是句挂在天安门上谁也不能不承认的话。但他老先生不用其专长而喜用其较不擅长，也就无可讳言。我们希望他的是马上坐进小茶馆，一手剥着瓜子花生米，一手提起生花妙笔，不分日夜的著出几部奇书来，使我们干枯的脑子里活动活动，而他老先生可是至今不干。他不干于他没有什么要紧，可是大苦了我们这班想吃天鹅肉的小子了！

船到了波赛，停八点钟，上岸去走走，买了几包烟，几包“突厥乐”，吃了些冰，走完了三条半的街，得到的总印象是“糟”。

这地方是永远不会长进的。土人的生活，只是强凶，无耻，与竹杠。至于白人，若然是久居此地的，也当然只有强凶与剥削。但无论如何，旅行中经过此地，总还觉得有不少的趣味，因为有许多小出产和小美术品，可以证明这地方受到了埃及，波斯，土耳其等国的旧文明的影响，使我们脑筋中发生新奇的感想；至于其蒲底，那就简直是原始社会的色彩了。

从波赛过去经了一夜多的苏彝士运河，便到红海。苏彝士河在我来时，是旅行中最美快的一截，因为正值月圆，船在河中慢慢的走，宛然是本国隋河中景象，而且处处有五彩信号灯点缀，较之隋河中尤为有趣。可惜那时蕙英夫人还晕了船躺着。这回月圆虽然已过了三四天，但到十点钟以后，仍是清辉万里。蕙英夫人也不晕船，能带了孩子们到甲板上去看看月亮，听听多年没听过的蟋蟀叫，同小蕙说：这就是你国语读本中所读到的蟋蟀叫。因此我觉得这回的经过苏彝士，也可算得全程中最好的一截；有二十八个字：

重来夜过苏彝士，

月照平沙雪样明。

最是岸头鸣蟋蟀，

预传万里故乡情。

过苏彝士以后进了红海，可就是大倒其霉了！我来的时候红海里并不大热。这回动身前虽有许多朋友向我说起红海夏季之热，我总还带着三分的不相信，以为热带上是没有冬夏的，不料一进海，寒暑表就飞也似的涨起来，室中是二十八，三十，三十二，三十五，三十六，太阳里是四十五，五十，五十五，六十，嘻！在巴黎伤了风洗蒸浴，也不过是三十五度，现在便在这三十五六度中过五天五夜的话，还了得！还了得！汗当然是不住的流；椅子桌子是没有一处不烫；有些地方的油漆也融了，搁上东西去马上粘黏住。风是一些没有的；开着电扇，也至多只能降下半度的热，无济于事。有一个火夫，便在这当儿热死了。

在这奇热之中，还有一件要不得的事，就是不能好好的洗澡。我们三等舱中虽有两个澡盆，两个雨浴，但实际只能冲凉，不能去垢，因用海水洗澡，就不能用肥皂（肥皂一见海水，马上起化学作用变成了不知什么），而要去垢，却非用肥皂不可。因此我们虽然天天洗澡，只是自己骗着自己，算是有了这么一回事！直到后来到了西贡，船在淡水中我们才能好好的洗了几个澡。但据演生说：这回已算享了天福了。前回他与吴稚晖先生同来时，坐了四等舱，就完全没有洗澡的权利。身上脏了，只能脱光了到水龙头下去冲；若有时碰到了从安南回去的法国鬼兵也来取水或冲洗，他就把你一脚踢开！在同行许多人中，又找不出一个能说法国话的去同船上交涉，那才是苦咧！

因写到洗澡，就不得不连类而及于毛房。船上的毛房，坑底是用的英国旧式活门制。这种坑底真是糟不可言。

我本是个生活简单（脑筋当然也很简单）的人，所以什么都是随随便便。但天热了不能好好的洗澡，吃了饭不能好好的拉屎，也未免暗暗叫苦。

红海过了就是其蒲底了。这地方我来时没有经过，所以很想上去看看，但是许多人说不值得上去，天气又还同红海中一样的热，我也就从此中止了。看土人上船来卖的东西，只有小柠檬，蒲扇，小草窝，下等烟草等；用望远镜向岸上看看，虽有几座洋房，却被阳光蒸灼得憔悴万分，大有沙漠色彩。

这本是块没用的地方。法国人虽然把他硬开出来，做个船只往来上煤上水之处，可也是无论如何弄他不好。说天时是热不可耐，说地利是全无出产，说人文是土人尚离原始社会不远。因此名义上虽然叫做法国的殖民地，而居留的法国人，不过一二百人。

一下子有许多朋友上了岸回来了，问他看到了些什么，可是完全无有。因时在下午两三点钟，所以街上的铺子全关了门避暑；开门的只有一家法国的加非馆，竹杠却并不甚凶，比在波赛好得多。土人的竹杠程度，也比不上波赛。波赛土人卖东西，索价可高于实价至五十倍以上，此地却不过三倍五倍。但凶恶起来，也还一样的可怕。据说去年有位中国学生在波赛被土人捅了一刀，这回有位湖南刘先生，也被其蒲底土人打了一蒲扇。

其蒲底是个一览无遗的地方，所以上岸不到一两个钟头就回来了。但是梅荪和一位石先生，过了三四点钟还不见回来；看看船要开了，我们在船上的都急起来了：许是他们被土人绑了票去，那真大不得了。后来他们回来了；问其何以姗姗来迟，乃是因为热得坐在加非馆里，懒得不能动。

……

与顾颉刚先生论《静女》篇

颉刚先生：

《邶风·静女》篇有了你与刘大白、郭全和魏建功诸先生的详细讨论，使我们门外汉也能于看得明白，这不但是我们要感谢，便是那位“密司静女”，恐怕也要感谢你们的。不过我也有一点可笑的谬见，愿意写出来请你指教指教。

篇中最难解决的一个问题，就是既然说了“俟我于城隅”，为什么接着又说“爱而不见”？若说约会的地方是城隅，到了临时找不到，总不免有点儿牵强，因为城隅决然不是个大地方，也决然不会是和前门大街一样热闹的地方（我们何妨设身处地想想呢）!而况既然找不到，为什么下文又有了馈赠的事呢？

古代的文章里，尤其是诗歌里，往往为了声调或字数的关系，把次要的字眼省去了几个。这所谓次要，只是古人心中以为次要罢了；在于我们看去，却是重要得了不得。因此，我们现在要解这首诗，目的只在于要发见他所省去的几个字。你若说他的意思是预先约定了，临时找不着，只是你的一种假定，干脆说，只是你在那里猜谜子。这种的猜谜子，只要是谁猜得可通，就算谁猜得好；考据功夫是无所施其技的——因为要考据，必须要有实物，现在并无实物，只是对着字里行间的空档子做工夫而已。

如所说，我也来大胆猜一猜了。我以为这是首“追忆的诗”。那位诗人先生，他开场先想到了他那位密司曾经在城墙角里等过他，可是“此刻现在”啊，“爱而不见”，就不免搔头挖耳朵起来了。其次是他又想到了他的“她”从前送给他的彤管；彤管是多么的美啊，“可是心肝宝贝肉，我因此又想到了你的美了”。其次是他又想到了那天从草原上回来，她采了些野草送给她，“野草有什么希罕呢？可是心肝宝贝肉，这是你送给我的啊！”

这样解诗，真是林步青唱滩簧，瞎嚼喷蛆而已。然而我还要老着脸写出来给你看看，就请你指教指教罢。

以上是关于全诗大意的话，其余细头关目上，我也有点儿意思：

（一）“静女”可作一个名词，解作“小姐”，或“姑娘”，或“处女”，不必说幽静的女子。（“静”之不必用本义解，犹之乎南方言“小姐”，北方言“大姑”，并不含有“小”“大”之意。）

（二）“其姝”的“其”，可解作“如此其”，译作白话，便是“多么”或“多门”。

据以上两项，则“静女其姝”一句，可译作“姑娘啊，你多门漂亮啊！”

（三）“彤管”的“彤”，应从魏说作“红漆”解。古书中虽亦有用“彤”字泛作“红”义者，然多数是指红漆的红，如“彤弓”“彤镂”“彤庭”之类，《说文》亦谓“彤，丹饰也；

从丹，从彡；彡，其画也”。

（四）改“管”为“菅”，自亦不失为一说，但如“菅”“荑”并非一物，则两次所送，均是些野草，这位密司未免太寒酸，而文章也做得犯了重了。如谓“菅”“荑”即是一物，则二三两章一直下去，在文学上又似乎太单调。我并不说古人决不会做这种重复或单调的文章，不过假使是我做，我就决不如此做法。我以为“管”字亦应从魏说作乐器讲。古书中所用“管”字，除专名如管叔管子外，最普通的是（1）管理的管，（2）管钥的管，（3）箫管或管弦的管。第（1）（2）两义与本诗全不相干，则第（3）义自然坐实。若说“彤管”是“红笔管”，真是妙不可酱油！（以管作笔管解，在古书中恐怕找不出实例）况且你想：送个笔管多么书呆子气（如果那时已有瓦德门的自来水笔，自然又当别论了），送个乐器多么漂亮。此一密司而生于今日也，其亦“爱美的”音乐家欤。我的意见如此；我本想用白话把全诗译出，可是一时竟译不好，只得暂且收束，请你赐教。

1926年6月25日

与疑古玄同抬杠

半农兄：

今天在一个地方看见一张六月廿二日的《世界日报》，那上面有他们从七月一日起要办副刊的广告，说这副刊是请您主撰的，并且有这样一句话：

刘先生的许多朋友，老的如《新青年》同人，新的如《语丝》同人，也都已答应源源寄稿。

我当然是您“刘先生的许多朋友”之一，我当然是“《新青年》同人”之一，我当然是“《语丝》同人”之一；可是我没有说过“答应源源寄稿”给《世界日报》的副刊这句话。老实说吧，即使你来叫我给他们做文章，我也一定是不做的，倒不见得是“没有功夫”“没有材料”。再干脆的说吧，我是不愿意拿我做的东西登在《世界日报》里的，我尤其不愿意拿我做的东西与什么《明珠》什么《春明外史》等等为伍的。我有一个牢不可破的见解：我以为老顽固党要卫道，我们在主义上虽然认他们为敌人，但有时还可以原谅他们（自然要在他们销声匿迹草间偷活的时候才能原谅他们），因为他们是“古人”是“僵石”。最可恶的，便是有一种二三十岁的少年，他们不向前跑，不去寻求光明：有的听着人家说“线装书应该扔下毛厕三十年”或“中国的旧文化在今日全不适用”的话便要气炸了肺，对于捧坤角逛窑子这类混账事体认为大可做得，而对于青年男女（尤其是学生）为极正当极合理的恋爱反要大肆讥嘲；有的效法张丹斧做《太阳晒屁股赋》那种鸟勾当，专做不负责任没有目的的恶趣味的文字。我对于这种少年，是无论何时无论何地绝对不愿与之合作的。所以现在看了那广告上的话，不能不向你切实声明。它事可以含糊对付，此事实在不能“默尔而息”。话说得这样直率，这自然狠对你不起，尚希原谅则个！

弟疑古玄同　一九二六，六，二四。再：这封信请在《语丝》上发表为荷。

玄同兄：

一个小记者还没有能“走马到任”，你老哥可有信来教训了，这真是“开市大吉”了。

《世界日报》上那个广告，是我拟的。我为了拟广告，已碰了不少的顶子；如今再碰你最老最好的朋友的一个顶子，也自然是别有风味的。在拟这广告之前，我的确问过了许多朋友，的确有许多人答应了我，但因未能一一遍问，自然不免有人要嗔怪我，这是我十分抱歉的（但“许多”二字，并非全称肯定）。至于你，本来是应当预先问过的，因你这几天为了你夫人病得很重，一时未必能有心绪做文章，所以打算迟一迟再向你说。你虽然未必为了这件事动气，但在我一方面，总是不安到万分，应当向你郑重道歉的。我办这《副刊》，是由《世界日报》方面答应了不加干涉的条件才答应办的。所以实际上，这《副刊》不但与《明珠》等两不数干，即与《世界日报》，也可以说两不数干。犹之乎当初的《京副》，和你所办的《国周》，和《京报》及《显微镜》等，根本上都是全不相干。又如七年以前，你我都在北大，辜汤生是复辟党，刘师培是帝制党，也都在北大，因为所任功课两不相干，虽在一处，却无所谓“合作”，所以你我二人并没有愤而辞职，而蔡先生的“兼容并包”，反传为美谈。不过这些事，我只是想到了随便说说，并不是要反驳你。你的意见是我应当尊重的；即使不是意见而是感情，我也应当尊重——尤其是在这个时候你感情上很痛苦的时候。为此，我遵命将来信在《语丝》上登出。

我们两个宝贝是一见面就要抬杠的，真是有生之年，即抬杠之日。如今从口上抬到了笔上，不得不有打油诗以作纪念：

同说杠堪抬，无人不抬杠。
有杠必须抬，不抬何用杠。
抬自犹他抬，杠还是我杠。
请看抬杠人，人亦抬其杠。

弟刘复　1926年6月26日

致胡适之

适之兄：

我们有九个多月不见了。想到我在北京时，常常和你讨论（有时是争论）诗。所以我现在写这封信，虽然是问问好，却不说“辰维……为慰”，仍旧是说诗。我希望我们通一次信，便和我们见面谈一回天一样。

我很不满意，为什么我自从离开本国之后，没有看见过一首好诗（虽然我在国外看见的报章杂志很少）？更不满意的，便是为什么你，起孟，尹默，近来都不做诗？你的上山，起孟的小河，尹默的三弦，都可算白话诗开创时代的有成效的成绩；我的铁匠，虽然你不十分赞成，却也可以“附骥”。但是，看到我们当初的理想，这一些很零碎的小成绩，算得到什么？

你的《尝试集》已刻成了。但是，这只是“尝试”范围中的“成功”，并不就是“成功”。

旧体诗的衰落，是你知道的。但是，新体诗前途的暖昧，也要请你注意。

我不是说，我们提倡（或创造）了一件事，便该由我们一手经纪到底。换一句话，便是我并不以为“初期白话诗人”，应当由我们几个人包办。能有比我们好的，他尽可以“取而代之”。我们也甘心退让。因为我们只希望我们的“目的”成功。我们的“目的”成功了，虽然我们个人不成功，也就同成功一样。但是，看看近来报章杂志上登出来的许多“诗”，终不免要教我悲观。错了！悲观是没用的。不如说：要教我们增加勇气，努力的挑担子。

诚然，我们在诗上面，功夫愈多，经验愈多，便觉得难处愈多，胆子愈小。所以我觉得我前三年做的诗，十首中至少有五首可以烧得。但是，虽然难，我们正该拼命从这“难”字中钻出去。有不妥的，我们预备将来十首中烧去九首，究竟还剩得一首。若是因为他难，便怕，便懒，便从此不动，那么，结果是一个字也没有！

上文说了许多话，其实只说得一句，便是请你“多做”。尹默是个懒鬼（鬼者，鬼谷子之省文）。除非他自己做，你便用鞭子打，他也不做。起孟本来不专心做诗；不过偶然兴到，做一两首，却很好，很别致。所以尹默是催也没用，起孟是无需催得。惟有你，既是“榨机”，又是白话诗的发难者，却不可听你懒。

我是向来喜欢胡诌的。到了伦敦，已诌了好多首，寄在仲甫处。其中有几首描写小孩子的，似乎别有趣味；如果你看见，请你评论评论。

有两首诗，附在这一封信里寄上。一首很平常；一首短歌，请你仔细评论。这短歌的体裁，虽然是开创，却有一半是摹仿一个人（不是中国人）。你眼光很高，请你猜一猜：什么人？

在《时事新报》上，看见你一封信，和胡怀琛的许多东西。

从前在北京常听见你说“不值得一驳”。我心中很不以为然；以为天地间难道竟有不值得一驳的东西？到看了这位南社诗人的雅论，我才晓得我从前的不是！

再看他的明月诗，他说是“合修词，物理，佛理的精华，共组织成一诗，杂复极了”！又说“眼前的新体诗，能如此的也不多了”！唉！不要脸的人，天地间原是有的，我何必苦苦的责备他？

在不相识的人中，做诗最认真，而又得一部分人的同情的，要算郭沫若。你对于他，有什么评论？我不甚赞成他。我以为他只是抄袭些西洋文学中的艳丽，或神秘字样，来填充篇幅，骨底里却空无所有。这可以说，是外国式的“山节藻棁”。

康白清是聪明人。他的《送客黄浦》，真好。新近在《新潮》二／三里登的《疑问》，也可以“压卷”，不过第五节大可删得。然而登在《时事新报》里的《归来太和魂》就很平常。

《新潮》里的诗，比别种杂志里所登的，自然好得许多。但二／三号中，除《疑问》外，竟一无可取。俞平伯两首，都平常。傅斯年两首，第一首还过得去，第二首太坏。然而他自己向我说，第二首（自然）是他最得意的。我找来找去，找木出好处来。我的意见，以为做诗时，断断不可搭架子。要能把高尚的思想，从平常人的身分、口吻中表现出来，才显得出真本领。傅孟真一开口便搭了一个学者的搭（架）子；以后也处处惟恐人家不知道他是个学者。不知“梅花忽地开言道：小的梅花接老爷”，固然很糟；便换作“小子梅花拜老师”，亦何尝便好？

罗志希诗才很薄弱。我向傅斯年说过：诗人之门，不许志希敲得。看他《送许楚僧诗》，几乎是一篇短祭文！

以上所说，只是随便谈天，当然不足据为定论。我写这封信的目的，便是希望你“诗炉从此生新火”。

你的《尝试集》《国语讲义》《英文近人诗选》，或他种著作（不论长篇短篇），又杜威的讲演录（中文或英文），均希寄我一份。

看报上，知道《新青年》已经收回自办了。以后的办法如何？请择要告我一二。

我很气闷。我到了英国，没有接到过北京朋友一个字！写信给他们，他们只是不覆。现在再向你试一试，希望你不是“一丘之貉”！

但是，你如果写回信，与其是当天便写一张明信片，不如稍过一二天，定心了写一封较长的信。连北京近来的情形，校中的杂事，也同我谈谈。若是望了三四个月，只是望到一张明信片，虽然“慰情聊胜于无”，却是相等的失望。

玄同起孟，是“打定主义”不写信给我的。或者是因为我的信，“不值得一覆”。所以我现在，暂时不写信给他，恐怕写了还是“不值得一看”。但是你若见他，请你代我问候；我的诗，也请你交给他看看。

我给你请安。

弟刘复

一九二〇年九月二十五日

读《海上花列传》

花也怜侬所作《海上花列传》，现由上海亚东图书馆标点重印。当其清样打成时，恰巧我经过上海，馆中就把校阅清样这一件事嘱付了我。我即有机会将此书细阅一过，自然阅完之后，乐得把所得到的一些见解写了下来。

适之向我说，这是吴语文学中第一部好书。鲁迅在《中国小说史略》中，也将这书看作一部重要的作品；结尾总评一句，说全书用平淡无奇的文笔写成：这在鲁迅先生的严峻的批评中，已可算得推崇备至的了。

胡鲁两先生的说话是如此，自然我所能说的，也不过替他们加上些注解便了。但是仔细一想，话却可以分作几段说。

第一段：说此书的著作者和他著作此书的起因。

花也怜侬究竟是什么人？他的身世怎样？这问题一时还无从回答。据适之说：《海上繁华梦》的作者海上漱石生，是花也怜侬的朋友。适之想去看他一次，仔细打听打听。若然他这一次的访问能有美满的结果，那我就为他恭喜，他又可以大过其考据瘾了！

我们虽然还没有能知道花也怜侬是什么样人，却从清华书房翻印的《海上花》许序中所说，和鲁迅的《中国小说史略》中所说，可以知道他著这部书，除开场所说“具菩提心，运广长舌……总不离警觉提撕之旨”之外，还有一个用意，就是和赵朴斋为难。这件事，或者不是全无根据，因为在《海上奇书》第一期中所载《海上花列传》例言说：

所载人名事实，俱系凭空捏造，并无所指。如有强作解人，妄言某人隐某人，某事隐某事，此则不善读书，不足与谈者矣！

这几句话说得何尝不冠冕堂皇！但是我们不要被他瞒过：小说家往往把假造的事，挂上个实事的招牌；把真有的事，反说得子虚乌有。这种办法，几乎已是个不成文的公式。所以本书作者的严重声明，反可以算得个不打自招的供状。

再看书中所纪赵朴斋，洪氏，赵二宝三人，究竟有什么了不得的恶德没有？朴斋的谋事不成，堕入下流，是很普通的。洪氏的年老糊涂，全无脊骨，是很普通的。二宝的热慕虚荣，失身为妓，也是很普通的。以朴斋与吴松桥相比，究竟是谁更坏？以洪氏与郭孝婆周兰之类相比，究竟是谁更坏？便与她兄弟洪善卿相比，究竟是谁更坏？以二宝与沈小红黄翠凤之类相比，又究竟是谁更坏？然而松桥周兰等辈的下场，都还不过如此；赵氏一家，却弄到凄凉万分，求生不能，求死不得！而且到了全书结束时，作者居心要糟塌赵氏的痕迹，就愈加鲜明了。赵二宝要想嫁与史三公子做大老母，原也是做妓女的人的极平常的妄想。你说她能做到，固然可以；说她做不到，也就尽够给她消受了。然而作者偏要故弄狡狯，说她预先置办嫁妆，平白的拖上数千金的债，到后来是一场无结果。这也就够之又够的了；然而作者还不称心，还要拉出个赖三公子来大打房间；打了还不算，还要叫她做上一场哭不得笑不得的恶梦，使她“冷汗通身，心跳不止”，才肯放她完结。从这上面看，若说作者与赵氏并无过不去之处，请问他为什么把别人都轻轻的放过了，却偏在这一家上大用气力，不肯宽让一分呢？

这种的事，我们诚然不得不认为著作界中的一种耻辱。但作者是一件事，作品是一件事，处于作者与作品之间的“作的动机”又是一件事。我们应当将这三件事分别而论，不可混为一谈。譬如我们看见欧洲的古监狱或古刑场，若要推溯它当年建筑时的用意或建筑以后所演过的一切惨剧，那就简直可以说：这类的东西都是要不得。非但监狱与刑场，便是皇宫教堂之类，也大都是独夫民贼劳民以逞的真凭实据。但是品评建筑的人，决不能把眼光对着这一方面看去：他们只应当就建筑物的本身上，去估量它在美术上所占的地位与所具的特长，决不能于美不美之外，再管到别的什么。在文学上也是如此，作品若好，作者便是极无行，也不能以彼累此。反之，作品若坏，即使有孔老夫子的亲笔署名，也逃不了批评家的喟然而叹！这本是极明显的道理，中国人却不免糊糊涂涂，彼此纠缠。所以陶渊明的人格，是无可指摘的，一般想吃冷猪肉的老先生，却偏要摇头叹气，说什么“白璧微瑕，只在《闲情》一赋”。这就是因作品以牵累作者了。《金瓶梅》一书，在冷猪肉先生眼中，当然是万恶之首，因为他们看这书时，所看的只是些“如此如此”，没有看见别的什么。但因相传此书作者，是预备写成之后，书角上浸了毒药去报仇的，于是冷猪肉先生，又不得不谅其用心之苦而加以原宥。这就是就作者以论作品了。这种批评的态度，真是错到了十二分以上。我们若不先将这层剖剔清楚，恐免不了出笔便差，全盘都错。我们应当认明著了书想敲赵朴斋的竹杠，或者是敲不到赵朴斋的竹杠因而著书泄愤，乃是花也怜侬名下的一笔账；文笔的好坏，方是《海上花》下的一笔账：这就泾渭分明，两无牵累的了。

第二段：说此书的好处。

一书的好坏，本不是容易评定的。往往同是一书，或同是一书中的某一节，一个人看了以为极好，换一个人看了就以为极坏，而这两种评论的价值，却不妨完全相等。所以我现在所说的此书的好处，也不过把我个人的意思，大致写出来便了。

我们看这部书，看不到几页就可以看出它笔法的新奇。在一般小说中，遇到了事情繁复时，往往把一事叙了一段，暂且搁下，另说二事；到这另一事说得有了些眉目，然后重行搁下，归还到原先的一事。在本书中却不是如此。他所用的方法，可以归作这样的一个程式：

> 有甲乙二人正在家中谈话，谈得一半，忽然来了一个丙，把话头打断。等到丙出了门，却把甲乙二人抛开了，说丙在路上碰到了丁；两人话不投机，便相打起来。那边赶来了一个红头阿三，将他们一把拉进巡捕房：从此又把丙丁二人抛开了，却说红头阿三出了巡捕房，碰到了红头阿四，如何如何……自此类推，必须再经过了许多的波折，再想方法归还到巡捕房里的丙丁二人，以至于红头阿三，红头阿四等等。

作者自己在《例言》中说："全书笔法，自谓从《儒林外史》脱化出来。"（《海上奇书》第三期）不错，凡是读过

《儒林外史》的人，都可以证明这句话一点也不错。但《儒林外史》中只把这种特别的笔法小小用了一用，到了本书，可就大用特用了；《儒林外史》只是做些简单的过渡，本书中可使用得千变万化，神出鬼没。因此我们应当承认：这种特别笔法的发明人虽然是《儒林外史》作者，而能将它发扬光大，使它的作用能于表现到最充分的一步的，却是《海上花》作者。

那么，用这种笔法的好处在什么地方呢？且看作者在《例言》中自己夸扬的话：……惟穿插藏闪之法，则为从来说部所未有。一波未平，一波又起；或竟接连起十余波，忽东忽西，忽南忽北，并无一事完全，部（却）并无一丝挂漏，阅之觉其背面无文字处，尚有许多文字，顾未明明叙出，而可以意会得之：此穿插之法也。势空而来，使阅者茫然不解其如何缘故；急欲观后文，而后文又舍而叙他事矣。及他事叙毕，再叙明其缘故，而其缘故仍未尽明；直至全体尽露，乃知前文所叙并无半个闲字：此藏闪之法也。（《海上奇书》第三期）

这些话虽然是“戏台里喝采”，却句句是真实的，并不是一味“瞎吹”。例如赵朴斋初到上海时，急着要嫖，不论是长三，么二，野鸡，花烟间，什么都好，是明写的；后来手中渐渐的拮据起来，想去找吴松桥谋事，又向张小村呆头呆脑的问了许多费话，也是明写的。自此以后，他如何渐渐的流落到做穿不起长衫的瘪三，又如何同人家相打打破了头，又如何再堕落下去，弄得拉起东洋车来，却并不明写，只在他娘舅洪善卿眼中看出。这样详的极详，略的极略，在看书的人，却并不觉得它前后不调匀，反觉得这样正是恰到好处。又如张蕙贞的下场，若换别人来写，一定要费上许多笔墨，而仍不免吃力不讨好。因为一向所描写的张蕙贞，乃是明白事理，不任意气的，在青楼中，可算的个幽娴贞静的人物；如今要翻转来说她偷侄儿，着笔自然很难。作者可聪明了。他先从周兰阿珠两人眼中，看见张蕙贞挨了一顿打，可又并没有说出挨打的原因，只在前面无关紧要之处，暗伏一笔，说“两人刚至门首，只见一个后生慌慌张张冲出门来，低着头一直奔去，分明是王莲生的侄儿，不解何事”（回五四），叫人看了全不在意。到后来，方从洪善卿与阿珠两人闲谈中不慌不忙的说出：

> 阿珠道：“张蕙贞倽勿好？”善卿道：“也不过勿好末哉，说俚做倽！”……“险个！王老爷打仔一泡，勿要哉。张蕙贞末吃个生鸦片烟，原是倪几个朋友去劝仔，拿个阿侄末赶出，算完结归桩事体。”（回五七）

用这样的方法来记述一件不容易着笔的事，真不得不叹为聪明绝顶的笔墨了。又如朱淑人与周双玉二人，鬼混了也有很不少的时候了。他们俩定情的一幕，在庸手一定要铺排细写的，作者却直挨到了最后一幕，方为简单补出：

> 双玉近前与淑人并坐床沿。双玉略略欠身，两手都搭着淑人左右肩膀，教淑人把右手勾着双玉头颈，把左手按着双玉心窝，脸对脸问道：“倪七月里来里一笠园，也象故歇实概样式，一淘来浪说个闲话，耐阿记得？”淑人心知说的系愿为夫妇生死和同之誓，目瞪口呆，对答不出……（回六三）

至于双玉的人格如何？她对于淑人的交情是真是假？也是直到了最后才说穿：

“耐个无良心杀千刀个强盗坯！耐说一淘死，故歇倒勿肯死哉！我倒仔阎罗王殿浪末，定归要捉耐个杀坯！看耐逃到陆里去！”（同上）

“耐只死猪猡！晓得是耐阿哥替耐定个亲！我问耐为倫勿死？”（同上）

“劝倫嗄？放来浪等我自家吃末哉哙！俚勿死，我倒犯勿着死拨俚看，定归要俚死末我再死！” （同上）

“一万洋钱买耐一条命，便宜耐！”（回六四）

大家看到了这样的下流声口，就可以断定她一向的天真漫烂是假的，是和李浣芳截然不同的。若再回想到她对于双宝的惨刻的欺凌，就更可以明白这孩子真是要不得，真可以使人不寒而栗。

以上略举数例，已很够证明书中穿插藏闪二法，运用得十分神妙。但问他何以能如此神妙呢？这就不得不归功于方才所说的特别的笔法。若不用这种笔法而用原有的旧方法，就不免重滞拖累，转运不灵。这并不是我凭空瞎说；凡是作过小说的人，只须略略一想，就可以知道我这话不错。

因此，我们若把作者的《例言》改变几个字，把原文的“全书笔法，自谓从《儒林外史》脱化出来。惟穿插藏闪之法，则为从来说部所未有。”改“做了全书笔法，自谓从《儒林外史》脱化出来。用此笔法，乃能运用穿插藏闪之法，开从来说部中所未有之法门。”那就分外真确了。

自从有了《儒林外史》，经过了如许多的年代，才有一个花也怜侬，看出它笔法的妙处，从而发扬光大，自成一家。从花也怜侬以至今日，又经过了如许多的年代，出过了如许多的小说，却还没有看见什么人能于应用这笔法的。这就可见旧方法的难于打破，与新方法的难得解人。但同时我们也应当知道，这一种特别笔法，是不容易使用的，你若没有相当的聪明去调遣它，没有相当的气力去搬运它，结果只是画虎类狗而已！

其次，让我们来看一看这部书中的描写事物的技术，在最近出版的无量数的小说中，我们往往可以看见这样的文章：

> “啊哟天呀！妈妈你怎么着？”王嬷嬷儿子含着眼泪说。“唉！我的好儿子，我——好——了——些——了！”王嬷嬷一断一续的说。

这在著作者，已是卖尽了气力想做白描文章的了。但他大卖气力的结果，只是叫我们不幸的读者多作几番呕！回看这部书中的白描，可真是白描了。我们一路看去，好象是完全不用气力，随随便便写成的。但若真是不用气力就能写成这样大的一部书，恐怕世界上没有这样的便宜事罢！试看王阿二初看见张小村时所说的一段话：

> 耐阿好！骗我阿是？耐说转去两三个月啘，直到仔故歇坎坎来！阿是两三个月嗄？只怕有两三年哉！我教娘姨到栈房里看仔耐几埭，说是勿曾来，我还信勿过，间壁郭孝婆也来看耐，倒说道勿来个哉。耐只嘴阿是放屁！说来哚闲话阿有一句做到！把我倒记好来里！耐再勿来末，索注搭耐上一上，试试看末哉！（回二）

其中那一句不是用尽了气力做的？然而我们看去，只觉得它句句逼真，不能增损一字，断断不会觉到丝毫的讨厌。其故由于他所用气力，是真气力，是用在文句骨里的，不比低手作者，说不出有骨子的话，只能用些讨厌刺激的字面拉拉场面。再看徐茂荣、张寿二人在野鸡潘三家胡闹的一段事：

那野鸡潘三披着棉袄下床。张寿还笑嘻嘻朠着目做景致。潘三沉下脸来，白瞪着眼，直直的看了张寿半日。张寿把头颈一缩道："阿唷！阿唷！我吓得来！"潘三没奈何，只挣出一句道："倪要板面孔个！"张寿随口答道："覅说倽面孔哉，耐就板起屁股来，倪……"，说到"倪"字，却顿住嘴，重又上前去潘三耳朵边说了两句。潘三发急道："徐大爷，耐听喤！耐哚好朋友，说个倽闲话嗄！"徐茂荣向张寿央告道："种种是倪勿好，叨光耐搭倪包荒点，好阿哥！"张寿道："耐叫饶仔，也罢哉！勿然，我要问声俚看：大家是朋友，阿是徐大爷比仔张大爷长三寸哚？"潘三接嘴道："耐张大爷有恩相好来哚，倪是巴结勿上啘，只好徐大爷来照应点倪啘。"张寿向来安道："耐听喤，徐大爷叫得阿要开心！徐大爷个灵魂也拨俚叫仔去哉！"来安道："倪覅听！阿有倽人来叫声倪嗄！"潘三笑道："来大爷末算得是好朋友哉，说说闲话也要帮句把哚！"张寿道："耐要是说起朋友来……"刚说得一句，被徐茂荣大喝一声，剪住了道："耐再要说出倽来末，两记耳光！"张寿道："就算我怕仔耐末哉，阿好？"徐茂荣道："耐倒来讨我个便宜哉！"一面说，一面挽起袖子，赶上要打。张寿慌忙奔出天

井，徐茂荣也赶出去。（回五）

试问我们现在学做《拟曲》，究竟能有什么人做得出这样的一段文章没有？更进一步，我们在无量数的新旧小说中，象这样的文章能有许多没有？

我举这两个例，不过因其篇幅较短，容易写出罢了。此外正有无数的妙文，散见全书之中，细心人随时可以发现。最好的一段，乃是十八回中所纪李漱芳的病状，和浣芳的一片天真（至于四十二回中写漱芳的死，就比较的不甚出色；其写浣芳，却分外有精神）。这段文章，可真用得着高亚白批小赞的《菊花诗》的十五个字来批它：

是眼中泪，是心头血，成如容易却艰辛。（回六一）

他描写事物的手段如此高明，是我们大家可以看得出的。但问他何以能如此高明，我们就不得不注意到两件事，一件是冷静的头脑，又一件是精密周至的观察。

所谓冷静的头脑，乃是无论笔下所写的事物何等纷忙，何等杂乱，在作者总还要一丝不苟，保存他“死样活气”的态度。不然，即使有好材料，也不免毁去。因为用热乱的态度写出来的小说，总是平面的；必须是用冷静的态度写出来的，方是立体的。我用平面立体两个名词来比拟小说，不免有人以为比得不伦不类。但是我请你想一想：你读到过一种一览了无余味，好象是水面上浮着一层油花的小说没有？一定是有的。你又读到过一种小说，它中间的事事物物，好象能一一站立起来，站在你面前的没有？也一定是有的。既都是有的，你就可以相信我所说的平面立体两个名词；更可从这平面立体上，比较出作者的头脑的冷热。

但有一层不要弄错：作者头脑的冷热，并无关于所写事物的本身的冷热。热的事物如《红笑》中所写，总无可更热的了；但作者的头脑，仍还同西伯利亚的冰雪一般的冷。至于把冷的事物写热的，那就不必我来举例，你书架上一定堆放着不少！

本书作者的头脑，虽然也不免有热乱的时候，但十分之八九总是冷静的。有了这冷静的头脑，他才能不慌不忙，一丝不乱的将他的白描技术使用出来。我在书中看见这样的两段：

> 莲生等撞过乱钟，屈指一数，恰是四下，乃去后面露台上看时，月色中天，静悄悄的，并不见有火光。回到房里，适值一个外场先跑回来报说："来哚东棋盘街哚。"莲生忙踹在桌子傍高椅上，开直了玻璃窗向东南望去，在墙缺里现出一条火光来。（回一一）
>
> 阿珠只装得两口烟，莲生便不吸了，忽然盘膝坐起，意思要吸水烟。巧囡送上水烟筒，莲生接在手中，自吸一口，无端吊下两点眼泪。（回五七）

"月色中天，静悄悄的……在墙缺里现出一条火光来"，"（把水烟筒）接在手中，自吸一口，无端吊下两点眼泪"：这便是替花也怜侬的脑子画了个小影啊！

精密周至的观察，乃是作一切写实小说的命脉，要是没有，无论你天才怎样的高，工夫怎样的深，总不免一动笔就闹笑话，因为既是写实小说，就决不能"瞎三话四"的。相传花也怜侬本是巨万家私，完全在堂子里混去了。这句话大约是确实的，因为要在堂子里混，非用钱不可；要混得如此之熟，非有巨万家私不可。但在堂子里混了一世的人很不少，混了之后做出小说来给我们看的也很不少，为什么我们所看见的别种小说，都比不上这一部书呢？这就不得不归功于作者的用心视察了。大约别人在堂子里混，只是颟颟顸顸的混了过去；到著书时，糊糊涂涂随便写上些就算。花也怜侬在堂子里，却是一面混，一面放只冷眼去观察；观察了熟记在肚里，到下笔时，自然取精用宏了。况且他所观察的，不但是正式的堂子，便是野鸡与花烟间中的“经络”，以及其中人物的性情、脾气、生活、遭遇、也全都观察了；不但是堂子里的倌人，便是本家，娘姨，大姊，相帮之类的经络，与其性情、脾气、生活、遭遇等，也全都观察了；甚至连一班嫖客，上自官僚，公子，下迄跑街，西崽，更下以至一班嫖客的跟班们的性情，脾气，生活，遭遇，也全都观察了。他所收材料如此宏富，而又有绝大的气力足以包举转运它，有绝冷静的头脑足以贯穿它，有绝细腻绝柔软的文笔足以传达它，所以他写成的书，虽然名目叫《海上花》，其实所有不止是花，也有草，也有木，也有荆棘，也有粪秽，乃是上海社会中一部分“混天糊涂”的人的“欢乐伤心史”。明白了这一层，然后看这书时，方不把眼光全注在几个妓女与嫖客身上，然后才可以看出这书的真价值。

第三段：说这书的坏处。

一部书做得无论怎样好，总不免有些毛病，因为作者的精神，总不免有疏懈的时候，识力也总不免有够不到的地方。但假使只有些局部的小毛病，那就完全算不了一回事；假使毛病不是限于局部而是有关全书大局的，那就不可以轻轻放过了。

本书所有的不能宽宥的毛病，不在上半部而在下半部。自从高亚白尹痴鸳两个狗头名士上了场，书便大大的减色；自从齐韵叟那老饭桶上了场，书更大大大大的减色。原来狗头名士，在本书中断断用不着。即使要用一个凑凑趣，有了方蓬壶也就够极了（书中写蓬壶，着实写得好）。不料作者把蓬壶看做了倒夜壶的坯料（回三三），却把亚白痴鸳两个倒马桶的坯料捧倒什么似的，这真令人莫名其妙了。老饭桶，在书中也实在用不着。要用来凑趣，前面有了一个黎篆鸿，配上了一个老怪物屠明珠，也就热闹得可以了。不料后文又大吹大擂请出一个齐韵叟来，又大吹大擂的把书中人大半拉倒了此老门下去。于是一部书顿由趣味浓郁的境界，转入单调的境界，转入无聊的境界：这是不得不替作者万分可惜的。

作者为什么要这样呢？有人说：他所记的是事实，有这样的事实，就不得不这样记。这句话是不能成立的，因为小说家不比新闻记者与历史家，即使所记是事实，也尽该剪裁斟酌，决不能拖泥带水照直写上。又有人说：他是因为前面写了许许多多的堂子经络，不免人家看了讨厌，所以后面转出一番名园景物，名士风流来，使阅者眼光一变。这句话说得近了些了，然而还是不对。因为名园景物，名士风流，根本上就是些死东西，是写不出色的。作者果为别翻花样，以新耳目起见，他为什么不换一个方向，抛开了上等堂子，转将下等堂子，如野鸡，花烟间，私门头，咸肉庄之类，好好的描写一番呢？这本是他擅长的事，他为什么不走这路，却走到一条死路上去呢？

我想来想去，想出了他所以要走这一条路的理由来了。一层是他想把他的理想人物（英雄）表出，二层是他要设法把许多零零碎碎，他自己以为得意的文学作品，插入书中。

他的理想人物，当然就是高亚白。他说他能文能武，而且能医病。这真有些《野叟曝言》中文素臣的臭味了，你看讨厌不讨厌！幸而李漱芳的病，终于是死的；若说自经高亚白一医，便霍然而愈，那就更要糟得不可言喻了！

他所得意的文学作品，我们也领教着了！高亚白的词（回三三），很平常；《帐铭》（回四〇），很平常，尹痴鸳的《秽史》（回五一），文笔也很平常；“鸡”“鱼”“肉”“酒”的酒令（回三九，四〇），不成东西；平上去人的酒令（回四四），更不成东西；求其略略象样的，只有一联咏桃花的诗：

一笑去年曾此日，再来前度复何人？（回四〇，页八）

和一联咏残柳的诗：

借问当年谁得似？可怜如此更何堪！（同上，页九）

至于小赞的一首《赋得还来就菊花》（回六一），真是全无好处（即用做“试帖”的眼光去看，也不过如此），作者却把它恭维得天上有，地下无：这就可以见出作者在诗文上面的见解的谬陋了。

人的知识本不是能向着各方面平均进展，平均发达的；所以作者能有得一枝做写实文章的妙笔，而对于做小品诗文的观念，竟如此其谬陋，原不是件离奇的事。所可惜者，他这样一来，把一部很好的书弄糟了。他把很好的篇幅，割出许多来给这些无聊的东西占了去，使人看到了就是讨厌，头痛，这是何苦！他甚至于有时将他所最得意的特别笔法也忘去了：例如从三十八回起，至四十回止，一径写一笠园中的事，中间除放焰火一段略略有趣外，其余完全是平铺直叙，全无精采，叫看的人看到此处，疑心自己已换看别书，不复看《海上花》，因《海上花》中是处处有波澜，处处有变化，决不是这样单调的。同时他因为要实写齐韵叟的“风流广大教主”的头衔，就不得添上许多呆事，如姊妹花拜把，公祭李漱芳之类：将这类事也混进了书中，书又如之何而不糟!

但是书中虽然有了这许多的坏处，他的好处，却并不因此而淹灭；因为究竟是好处多，坏处少。我们看书的，只须自己能分别它的好坏就是了。

最后一段：说方言文学。

这书中所用的语言有两种：一种记事，用的是普通的白话；一种记言，用的是苏白。在这上面，我们真不得不佩服作者的斟酌尽善。因为普通白话，在小说中及其他白话作品中，已经使用了好久；因其使用了好久，所以它所具的能力，在文句的构造上和在文字与词的运用上，总比较的发达；因其发达，我们拿来记事，自然很便利。但要说到记言，可又是一件事了。因为口白中所包有的，不但是意义，而且还有神味。这神味又可分作两种：一种是逻辑的，一种是地域的。譬如这样一句极简单的话：我是没有工夫去了，你去好不好?

中间意义是有的，逻辑的神味也有的，说到地域的神味，可是偏于北方的；若把他译作：我是无拔工夫去个哉，耐去阿好?

就是在同样的意义，同样的逻辑的神味之下，完全换了个南方神味了。假使我们做一篇小说，把中间的北京人的口白，全用普通的白话写，北京人看了一定要不满意；若是全用苏白写，那就非但北京人，无论什么人都要向我们提出抗议的。反之，若用普通白话或京话来记述南方人的声口，可就连南方人也不见得说什么。这是什么缘故呢？这是被习惯迷混了。我们以为习惯上可以用普通白话或京话来做一切的文章，所以做了之后，即使把地域的神味牺牲了，自己还并不觉得。但假使有人能将此中重要细为指出，或有将同一篇文字，用两种语言写成，互相比较，则其优劣得失，便立时可以赤裸裸的表现出来了。我们应当知道各人的口白，必须用他自己所用的语言来直写下来，方能传达得真确，若要用别种语言来翻译一过，无论如何总不免有相当的牺牲。所以文言不如白话，就是因为文言乃是一种翻译品，它将白话中所有的地域神味完全消失了（文言可算得是全无地域神味的文字）；同样，若用乙种方言去翻译甲种方言，则地域神味完全错乱，语言的功能，就至少也损失了十分之三四了。

我想我这一段简单的话，已能将方言文学的可以存立而且必须提倡的理由，说得明明白白的了，但方言文学作品不能博到多数人的了解与赏鉴，也是事实。这一层，我却以为无须顾虑，因为文学作品不比得香烟与滑头药，赏鉴的人多，固然很好，便是少些，也全不要紧。况且今后交通日趋便利，以一人而能懂得多种方言的人，必日见其多；而在语学上用工夫的人，也必能渐渐的做出许多方言文典与方言字典来，做一般读者的帮助。

吴语文学的作品，我们已有的是许多的弹词，小曲和小说。但弹词、小曲是韵文的，中间所含文言分子太多，不能将吴语的特长充分表现；至于小说，我们还没有能找出比这一部《海上花》更好的。所以直算到今日为止，我们应当承认这书为吴语文学中的代表著作。这是就文学方面说。若就语学方面说，我们知道要研究某一种方言或语言，若单靠了几句机械式的简单例句，是不中用的；要研究得好，必须有一个很好的本文（Texte）做依据，然后才可以看得出这一种语言的活动力，究竟能活动到什么一个地步。如今《海上花》既在文学方面有了代表著作的资格，当然在语学方面，也可算得个很好的本文：这就是我的一个简单的结语了。

此以外，我们还可以在书中找出许许多多有关系的史料。例如明园华众会之类，是上海"洋场"史中的好材料。一碗面二十八文，四个人的房饭每天八百文，是经济史中的好材料。又如民国六年，我初到北京，有一位老者慨乎言之的向我说："现在是老爷和太太也同坐马车了；在民国以前，谁也不见这样的怪事！"他这话大约是不错的，因为在二十二三年以前，我初到苏州，还只看见嫖客与婊子同坐马车，没有看见过老爷与太太。今看书中，知道当时便是嫖客与婊子，有时还要分坐两车。这种风会的转移，不又是民俗史中的好材料么？

1925年12月23日

我之文学改良观

文学改良之议，既由胡君适之提倡之于前，复由陈君独秀钱君玄同赞成之于后。不佞学识谫陋，固亦为立志研究文学之一人。除于胡君所举八种改良，陈君所揭三大主义，及钱君所指旧文学种种弊端，绝端表示同意外，复举平时意中所欲言者，拉杂书之，草为此文。幸三君及世之留意文学改良者有以指正之。谓之“我之文学改良观”者，亦犹常君乃德所谓“见仁见智、各如其分。我之观念，未必他人亦同此观念”也。

文学之界说如何乎　此一问题，向来作者，持论每多不同。甲之说曰，“文以载道”。不知道是道、文是文。二者万难并作一谈。若必如八股家之奉《四书》《五经》为文学宝库，而生吞活剥孔孟之言，尽举一切“先王后世禹汤文武”种种可厌之名词，而堆砌之于纸上，始可称之为文，则“文”之一字，何妨付诸消灭。即若辈自奉为神圣无上之《五经》之一之《诗经》，恐三百首中，必无一首足当“文”字之名者。其立说之不通，实不攻自破。乙之说曰，“文章有饰美之意，当作彣彰”（见近人某论文书中）。近顷某高等师范学校所聘国文教习川人某，尤主此说，谓“作文必讲音韵。后人称韩愈文起八代之衰，其实韩愈连音韵尚未懂得，何能作文”。故校中学生，自此公莅事后，相率摇头抖膝，推敲于“平平仄仄”之间。其可笑较诸八股家为尤甚。夫文学为美术之一，固已为世界文人所公认。然欲判定一物之美丑，当求诸骨底，不当求诸皮相。譬如美人，必具有天然可以动人之处，始可当一美字而无愧。若丑妇浓妆，横施脂粉，适成其为怪物。故研究文学而不从性灵中意识中讲求好处。徒欲于字句上声韵上卖力，直如劣等优伶，自己无真实本事，乃以花腔滑调博人叫好。此等人尚未足与言文学也。二说之外，惟章实斋分别文史之说较为近是。然使尽以记事文归入史的范围，则在文学上占至重要之位置之小说，即不能视为文学是不可也。反之，使尽以非记事文归入文的范围，则信札文告之属，初只求辞达意适而止，一有此项规定，反须加上一种文学工夫，亦属无谓。故就不佞之意，欲定文学之界说，当取法于西文，分一切作物为文字Language与文学Literature二类。西文释Language一字曰，“Any means of conveying or communicating ideas”，是只取其传达意思，不必于传达意思之外，更用何等工夫也。又Language一字，往往可与语言Speech口语Tongue通用。然明定其各个之训诂，则“LANGUAGE is generic, denoting, in its most extended use, any mode of conveying ideas; SPEECH is the language of sounds; and TONGUE is the Anglo - Saxon term for language, especially for spoken language”是文字之用，本与语言无殊，仅取其人人都能了解、可以布诸远方、以补语言之不足，与吾国所谓“言之无文，行而不远”正相符合。至如Literature则界说中既明明规定为“The class of writings distinguished for beauty of style，as poetry， essays，history，fictions，or belles-lettres”自与普通仅为语言之代表之文字有别。吾后文之所谓文学，即就此假定之界说立论。（此系一人私见，故称假定而不称已定。）

文学与文字　此两个名词之界说既明，则“何处当用文字、何处当用文学”，与夫“必如何始可称文字、如何始可称文学”，亦为吾人不得不研究之问题。今分别论之。

第一问题。前此独秀君撰论，每以“文学之文”与“应用之文”相对待。其说似是。然就论理学之理论言之，文学的既与应用的相对，则文学之文不能应用，应用之文不能视为文学，不佞以“不贵苟同”之义，不敢遽以此说为然也。西人之规定文学之用处者，恒谓“Literature often embraces all compositions except these upon the positive sciences” 其说似较独秀君稍有着落。然欲举实质科学以外一切文字，悉数纳诸文学范围之中，亦万难视为定论。就不佞之意，凡科学上应用之文字无论其为实质与否，皆当归入文字范围。即胡陈钱三君及不佞今兹所草论文之文，亦系文字而非文学。以文学本身亦为各种科学之一。吾侪处于客观之地位以讨论之，不宜误宾为主。此外，他种科学，更不宜破此定例以侵害文学之范围。吾国旧时科学书，大部并艺术为一谈。幼时初习算学，一部《九数通考》，不半月即已毕业。而开首一段河图洛书说，及周髀图说，直至三年之后始能了解。此外作医书者，虽立论极浅，亦必引证《内经》及《内经》之说，务使他人不能明白为快。蚕桑之书，本取其妇孺多解，而作者必用古文笔法。卜筮之书，本为瞽者留一噉饭地，（星学家自言如此）而必参入似通非通之易理以自重。诸如此类，无非卖才使气，欺人自欺。吾国原有学术之所以不能发达与普及，实此等自命渊博之假名士有以致之。近自西洋物质文明，稍稍输入中国，凡迻？译东西科学书籍者，都已不复有此恶习。而严复所撰《英文汉话》，虽全书取材，悉系彼邦至粗浅之文法，乃竟以文笔之古拙生涩，见称于世。若取此书以为教材，是非使学徒先习十数年国文，即不许其研究英文，试问天下有是理乎。

余决非盲从西洋学说之人。此节所引文学用处之规定，其Positive一字，实以“Philosophical Literature”已成为彼邦文学中之一种。而哲学又为诸种科学之一，故必于“科学”之上冠以“实质”，方不至于互相抵触。其实哲学本身，既包有高深玄妙之理想，行文当力求浅显，使读者一望即知其意旨所在。此余所以主张无论何种科学皆当归入文字范围，而不当羼入文学范围也。至于新闻纸之通信，（如普通纪事可用文字，描写人情风俗当用文学。）政教实业之评论，（如发表意见用文字，推测其安危祸福用文学。）官署之文牍告令，（文牍告令，什九宜用文字而不宜用文学。钱君所指清代州县喜用滥恶之四六、以判婚姻讼事，与某处诰诫军人文，有“偶合之乌”“害群之马”“血蚨”“飞蝗”等字样，即是滥用文学之弊。然如普法之战，拿破仑三世致普鲁士维廉大帝之宣战书为“Sire my Brother—Not having been able to die in the midst of my troops, it only remains for me to place my sword in the hands of Your Majesty.I am Your Majesty’s good brother, Napoleon”未尝不可视为希世奇文。维廉复书中“Regretting the circumstances under which we meet,I accept the sword of Your Majesty”之句，便觉黯然无色，故于适当之处，文牍中亦未尝绝对不可用文学也。）私人之日记信札，（此二种均宜用文字。然如游历时之日记，即不得不于有关系之处，涉及文学。至于信札，则不特前清幕府中所用四六滥调当废。即自命文士者所作小简派文学，亦大可不做。惟在必要时，如美儒富兰克令B.Franklin之与英议员司屈拉亨Strayan绝交，英儒约翰生S.Johnson之不愿受极司菲尔伯爵Lord Chesterfield之推誉，则不得不酌用文学工夫。）虽不能明定其属于文字范围，或文学范围，要惟得已则已。不滥用文学，以侵害文字，斯为近理耳。其必须列入文学范围者，惟诗歌戏曲、小说杂文、历史传记三种而已。（以历史传记列入文学，仅就吾国及各国之惯例而言，其实此二种均为具体的科学，仍以列入文字为是。）酬世之文，（如颂辞、寿序、祭文、挽联、墓志之属。）一时虽不能尽废，将来崇实主义发达后，此种文学废物，必在自然淘汰之列。故进一步言之，凡可视为文学上有永久存在之资格与价值者，只诗歌戏曲、小说杂文二种也。

第二问题。此问题之要旨，即在辨明文学与文字之作法之异同。兹就鄙见所及，分列三事如次：

（一）作文字当讲文法，在必要之处，当兼讲论理学。作文学当讲文法、且处处当讲论理学与修辞学。惟酌量情形，在适宜之处，论理学或轻于修辞学。

（二）文字为无精神之物，非无精神也，精神在其所记之事物，而不在文字之本身也。故作文字如记帐，只须应有尽有，将所记之事物，一一记完便了，不必矫揉造作、自为增损。文学为有精神之物，其精神即发生于作者脑海之中。故必须作者能运用其精神，使自己之意识、情感、怀抱，一一藏纳于文中。而后所为之文，始有真正之价值，始能稳立于文学界中而不摇。否则精神既失，措辞虽工，亦不过说上一大番空话，实未曾做得半句文章也。（以上两端为永久的。）

（三）钱君以输入东洋派之新名词，归功于梁任公，推之为创造新文学之一人。愚以为世界事物日繁，旧有之字与名词既不敷用，则自造新名词及输入外国名词，诚属势不可免。然新名词未必尽通，（如“手续”“场合”之类。）亦未必吾国竟无适当代用之字。（如“目的”“职工”之类。）若在文字范围中，取其行文便利，而又为人人所习见，固不妨酌量采用。若在文学范围，则用笔以漂亮雅洁为主，杂入累赘费解之新名词，其讨厌必与滥用古典相同。（西洋文学中，亦鲜有采用学术名词者。）然亦未必尽不可用，倘用其意义通顺者，而又无害于文笔之漂亮雅洁，固不必绝对禁止也。（此为暂时的。使将来文学界中，能自造适当之新字或新名词以代之，此条即可废除不用。）

散文之当改良者三。此后专论文学，不论文字。所谓散文，亦文学的散文，而非文字的散文。

第一曰破除迷信。尝谓吾辈做事，当处处不忘有一个我。作文亦然。如不顾自己只是学着古人，便是古人的子孙。如学今人，便是今人的奴隶。若欲不做他人之子孙与奴隶，非从破除迷信做起不可。此破除迷信四字，似与胡君第二项“不摹仿古人”之说相同。其实却较胡君更进一层。胡君仅谓古人之文不当摹仿，余则谓非将古人作文之死格式推翻，新文学决不能脱离老文学之窠臼。古人所作论文大都死守“起承转合”四字，与八股家“乌龟头”“蝴蝶夹”等名词、同一牢不可破。故学究授人作文，偶见新翻花样之课卷，必大声呵之，斥为不合章法。不知言为心声，文为言之代表。吾辈心灵所至，尽可随意发挥。万不宜以至灵活之一物，受此至无谓之死格式之束缚。至于吾国旧有之小说文学，程度尤极幼稚，直处于“Once upon a time there was a……”之童话时代。试观其文言小说，无不以“某生、某处人”开场。白话小说，无不从“某朝某府某村某员外”说起。而其结果，又不外“夫妇团圆”“妻妾荣封”“白日升天”“不知所终”数种。《红楼》《水浒》，能稍稍破其谬见矣。而不学无术者，又嫌其不全而续之。是可知西人所崇尚之“Half - told Tales”之文学境界，固未尝为国人所梦见。吾辈欲建造新文学之基础，不得不首先打破此崇拜旧时文体之迷信，使文学的形式上速放一异彩也。（近见曾国藩《古文四象》一书，以太阳、太阴、少阳、少阴之说论文，尤属荒谬已极。此等迷信上古神话之怪物，胡不竟向埃及金字塔中作木乃伊去也。）

第二曰文言白话可暂处于对待的地位。何以故？曰，以二者各有所长、各有不相及处，未能偏废故。胡陈二君之重视“白话为文学之正宗”，钱君之称“白话为文章之进化”。不佞固深信不疑，未尝稍怀异议。但就平日译述之经验言之，往往同一语句，用文言则一语即明，用白语则二三句犹不能了解。（此等处甚多，不必举例。）是白话不如文言也。然亦有同是一句，用文言竭力做之，终觉其呆板无趣，一改白话，即有神情流露，“呼之欲出”之妙。（如人人习知之“行不得也哥哥”“好教我左右做人难”等句。）则又文言不如白话也。今既认定白话为文学之正宗与文章之进化，则将来之期望，非做到“言文合一”或“废文言而用白话”之地位不止。此种地位，既非一蹴可几，则吾辈目下应为之事，惟有列文言与白话于对待之地，而同时于两方面力求进行之策。进行之策如何？曰，于文言一方面，则力求其浅显使与白话相近。（如“此是何物”与“这是什么”相近，此王亮畴先生语。）于白话一方面，除竭力发达其固有之优点外，更当使其吸收文言所具之优点，至文言之优点尽为白话所具，则文言必归于淘汰，而文学之名词，遂为白话所独据，固不仅正宗而已也。或谓白话为一种俚俗粗鄙之文字，即充分进步，至于施曹之地，亦未必竟能取缜密高雅之文言而代之。吾谓白话自有其缜密高雅处，施曹之文，亦仅能称雄于施曹之世。吾人自此以往，但能破除轻视白话之谬见，即以前此研究文言之工夫研究白话，虽成效之迟速不可期，而吾辈意想中之白话新文学，恐尚非施曹所能梦见。

第三曰不用不通之文字。胡君既辟用典之不通，钱君复斥以僻字代常用之字为不妥，文学上之障碍物，已扫除大半矣。而不通之字，亦在必须扫除之列。夫虚字实用实字虚用之法，不特吾国文学中所习见，即西文中，亦往往以noun，adjective，verb三类字互相通用。今欲废除此种用法，固属绝对不可能。而用之合宜与否，与读者果能明白与否，亦不可不辨。曾国藩致李鸿裔书，论此甚详。所引“春风风人、夏雨雨人”“解衣衣我、推食食我”诸句，意义甚明，新文学中仍可沿用。其“春朝朝日、秋夕夕月”句中，朝夕二字作“祭”字解，已稍稍晦矣。至如商颂“下国骏庬”周颂“骏发尔私”之骏字均作“大”字解，与武成

“侯卫骏奔”、管子“弟子骏作”之骏字均作“速”字解，其拙劣不通，实无让于用典。近人某氏译西文小说，有“其女珠，其母下之”之句。以珠字代“胞珠”，转作“孕”字解。以下字作“堕胎”解。吾恐无论何人，必不能不观上下文而能明白其意者。是此种不通文字，较诸“附骥”“续貂”“借箸”“越俎”等通用之典，尤为费解。

韵文之当改良者三。韵文对于散文而言，一切诗赋歌词戏曲之属，均在其范围之内。其赋之一种，凡专讲对偶，滥用典故者，固在心废之列。其不以不自然之骈俪见长，而仍能从性灵中发挥，如曹子建之《慰子赋》与《金瓠哀辞》，以及其类似之作物，如韩愈之《祭田横墓文》，欧阳修之《祭石曼卿文》等，仍不得不以其声调气息之优美，而视为美文中应行保存之文体之一。

第一曰破坏旧韵重造新韵。梁代沈约所造四声谱，即今日吾辈通用之诗韵。顾炎武已斥之为“不能上据雅南，旁摭骚子，以成不刊之典，而仅按班张以下诸人之赋，曹刘以下诸人之诗所用之音，撰为定本，于是今音行而古音亡”。是此种声谱在旧文学上已失其存在之资格矣。夫韵之为义叶也，不叶，即不能押韵，此至浅至显之言，可无须举例证明也。而吾辈意想中之新文学，既标明其宗旨曰，“作自己的诗文，不作古人的诗文”。则古人所认为叶音之韵，尚未必可用，何况此古人之所不认，按诸今音又不能相合之四声谱，乃可视为文学中一种规律，举无数文人之心思脑血，而受制于沈约一人之武断耶。试观东冬二部所收之字，无论以何处方言读之，决不能异韵。而谱中乃分之为二。“规眉危悲”等字，无论以何处方言读之，决不能与“支之诗时”等字同韵，而谱中乃合之为一。又哿韵诸字，与有韵叶者多而与马韵叶者少，顾不通有而通马。真文元寒删先六韵虽间有叶者，而不叶者居其十之九，而谱中竟认为完全相通。虽造谱之时，读音决不与今音相同。造谱者亦决无能力预为吾辈二十世纪读音设想。吾辈苟无崇拜古人之迷信，即就其未为吾辈设想而破坏之，当亦为事理之所必然。故不佞之意，后此押韵但问其叶与不叶而不问旧谱之同韵与否，相通与否。如其叶，不同不通者亦可用。如其不叶，同而通者亦不可用。如有迷信古人宫商角徵羽本音转音之说以相诘难者，吾仍得以“韵即是叶”之本义答之。且前人之言韵者，固谓“音声本为天籁，古人歌韵出于自然，虽不言韵而韵转确”矣。今但许古人自然，而不许今人自然，必欲以人籁代天籁，拘执于本音转音之间，而忘却一至重要之“叶”字。其理耶，其通论耶。（西人作诗，亦有通韵。然只闻“-il’与“ili”，“ic”与“-ick”，“-oke”与“-ook”等之相通。不闻强声音绝不相似之字如“规眉危悲”等与“支之诗时”等为一韵。更不闻强用希腊罗马之古音以押今韵也。）虽然，旧韵既废，又有一困难问题发生，即读音不能统一是。不佞对此问题，有解决之法三。

（一）作者各就土音押韵，而注明何处土音于作物之下。此实最不妥当之法。然今之土音，尚有一着落之处，较诸古音之全无把握固已善矣。

（二）以京音为标准，由长于京语者为造一新谱，使不解京语者有所遵依。此较前法稍妥，然而未尽善。

（三）希望于“国语研究会”诸君，以调查所得，撰一定谱，行之于世，则尽善尽美矣。

或谓第三法虽佳，而语音时有变迁。今日之定谱，将来必更有不能适用之一日。余谓沈约既无能力豫为吾辈设想，吾辈亦决无能力为将来设想。将来果属不能适用，何妨更废之而更造新谱。即吾辈主张之白话新文学，依进化之程序言之，亦决不能视为文学之止境，更不能断定将来之人不破坏此种文学而建造一更新之文学。吾辈生于斯世，惟有尽思想能力之所及，向“是”的一方面做去而已。且语言之变迁，乃数百年间事而非数十年间事。当此交通机关渐臻完备之时，吾辈尚以“将来读音永远不变，永远统一”，为希望也。

第二曰增多诗体。吾国现有之诗体，除律诗排律当然废除外，其余绝诗古风乐府三种，（曲、吟、歌、行、篇、叹、骚等，均乐府之分支。名目虽异，体格互相类似。）已尽足供新文学上之诗之发挥之地乎，此不佞之所决不敢信也。尝谓诗律愈严，诗体愈少，则诗的精神所受的束缚愈甚，诗学决无发达之望。试以英法二国为比较，英国诗体极多，且有不限音节不限押韵之散文诗。故诗人辈出。长篇记事或咏物之诗. 每章长至十数万字，刻为专书行世者，亦多至不可胜数。若法国之诗，则戒律极严。任取何人诗集观之，决无敢变化其一定之音节，或作一无韵诗者。因之法国文学史中，诗人之成绩，决不能与英国比。长篇之诗，亦鲜乎不可多得。此非因法国诗人之本领魄力不及英人也，以戒律械其手足，虽有本领魄力，终无所发展也。故不佞于胡君白话诗中《朋友》《他》二首，认为建设新文学的韵文之动机。倘将来更能自造、或输入他种诗体，并于有韵之诗外，别增无韵之诗，（无韵之诗，我国亦有先例。如《诗经》“终南何有，有条有梅。君子至止，锦衣狐裘。颜如渥丹，其君也哉。”一章中，“梅、裘、哉”三字，并不叶韵，是明明一首无韵诗也。朱注，“梅”叶“莫悲反”，音“迷”，“裘”叶“渠之反”，音“奇”，“哉”叶“将梨反”，音“赍”，乃是穿凿附会，以后人必欲押韵之“不自然”眼光，武断古人。古人决不如此念别字也。）则在形式一方面，既可添出无数门径，不复如前此之不自由。其精神一方面之进步，自可有一日千里之大速率。彼汉人既有自造五言诗之本领，唐人既有自造七言诗之本领。吾辈岂无五言七言之外，更造他种诗体之本领耶。

第三曰提高戏曲对于文学上之位置。此为不佞生平主张最力之问题。前读近人吴梅所撰《顾曲麈谈》，谓北曲“不尚词藻，专重白描”；又谓“西厢‘系春心情短柳丝长，隔花阴人远天涯近’……在当时不以此等艳语为然。谓之‘行家生活’，即明人所谓‘案头之曲’，非‘场中之曲’也”；又谓“实甫曲如‘颠不剌的见了万千，似这般可喜娘罕曾见’及‘鹘伶渌老不寻常’等语，却是当行出色”；又谓“昔洪昉思与吴舒凫论填词之法。舒凫云，‘须令人无从浓圈密点，时昉思女（之则）在座，曰，‘如此则天下能有几人，可造此’”是吴君已知“白描”之难能可贵矣。然必谓“胡元方言，尤须熟悉”而后，始可语填北曲。则不佞不敢赞同。盖元人所填者为元人之曲，故就近取元人之方言以为资料。吾辈所填者为吾辈之曲，自宜取材于近，而不宜取材于远。元人既未尝弃元语而用唐宋语以为古，吾辈“食古不化”而死用元语，不将为元人所笑耶。故不佞对于此问题，有四种意见：

（一）无论南词北曲，皆须用当代方言之白描笔墨为之，使合于“场中之曲”之规定。

（二）近人推崇昆剧，鄙视皮黄，实为迷信古人之谬见。当知艺术与时代为推移。世人既以皮黄之通俗可取而酷嗜之，昆剧自应退居于历史的艺术之地位。

（三）昆剧既退居于历史的艺术之地位，则除保存此项艺术之一部分人外，其余从事现代文学之人，均宜移其心力于皮黄之改良，以应时势之所需。［第（一）条即为此项保存派说法。从前词曲家，不尚白描而尚纤丽，实未尝能保存词曲之精华也。］

（四）成套之曲，可以不作，改作皮黄剧本。零碎小词，可以不填，改填皮黄之一节或数节。（近人填词，大都不懂音律。仅照老词数了字数，对了平仄，堆砌无数艳语，加上一个“调寄某某”之各名而已。今所谓改填皮黄者，须于皮黄有过研究工夫，再用新文学的本领放进去，则虽标明“调寄西皮某板”，或“调寄二黄某剧之某段”，似乎欠雅，其实无损于文学上与技术上之真价值也。）

吾所谓改良皮黄者，不仅钱君所举“戏子打脸之离奇，舞台设备之幼稚”，与“理想既无，文章又极恶劣不通”，与王君梦远《梨园佳话》所举“戏之劣处”一节已也。凡“一人独唱、二人对唱，二人对打、多人乱打”（中国文戏武戏之编制，不外此十六字。）与一切“报名”“唱引”“绕场上下”“摆对相迎”“兵卒绕场”“大小起霸”等种种恶腔死套，均当一扫而空。另以合于情理，富于美感之事代之。（此事言之甚长，后当另撰专论。）然余亦决非认皮黄为正当的文学艺术之人。余居上海六年，除不可免之应酬外，未尝一入皮黄戏馆。而Lyceum Theater 之 Amateur Dramatic Club，每有新编之戏开演，余必到馆观之，是余之喜白话之剧而不喜歌剧，固与钱君所谓“旧戏如骈文，新剧如白话小说”同一见解。只以现今白话文学尚在幼稚时代，白话之戏曲，尤属完全未经发见，（上海之白话新戏，想钱君亦未必认为有文学价值之戏也。）故不得不借此易于着手之已成之局而改良之，以应目前之急。至将来白话文学昌明之后，现今之所改良之皮黄，固亦当与昆剧同处于历史的艺术之地位。

形式上的事项　此等事项，较精神上的事项为轻。然文学既为一种完全独立之科学，即无论何事，当有一定之标准，不可随随便便含混过去。其事有三：

（一）分段　中国旧书，往往全卷不分段落。致阅看之时，则眉目不清。阅看之后，欲检查某事，亦茫无头绪。今宜力矫其弊，无论长篇短章，一一于必要之处划分段落。惟西文二人谈话，每有一句，即另起一行。华文似可不必。

（二）句逗与符号　余前此颇反对句逗。谓西文有一种毛病，即去其句逗与大写之下，即令人不懂。汉文之不加句逗者，却仍可照常读去。若在此不必加句逗之文字上而强加之，恐用之日久，反妨害其原有之能事，而与西文同病。不知古书之不加句逗而费解者，已令吾人耗却无数心力于无用之地。吾人方力求文字之简明适用，固不宜沿有此种懒惰性质也。然西文，；：.四种句逗法，倘不将文字改为横行，亦未能借用。今本篇所用.、。三种，唯、之一种，尚觉不敷应用，日后研究有得，当更增一种以补助之。至于符号，则？一种，似可不用，以吾国文言中有“欤哉乎耶”等，白话中有“么呢”等问语助词，无须借助于记号也。然在必要之处，亦可用之。！一种，文言中可从省，白话中决不可少。“”与‘’之代表引证或谈话，——之代表语气未完，……之代表简略，（　　）之代表注解或标目，亦不可少。*及字旁所注1 2 3等小字可以不用，以汉文可用双行小注，无须Foot - note也。又人名地名，既无大写之字以别之，亦宜标以一定之记号。先业师刘步洲先生尝定单线在右指人名，在左指官名及特别物名，双线在右指地名，在左指国名朝名种族名，颇合实用。惜形式不甚美观，难于通用。

（三）圈点　此本为科场恶习，无采用之必要。然用之适当，可醒眉目，今暂定为三种，精采用。，提要用．，两事相合则用⊙惟滥圈滥点，当悬为厉禁。

结语　除于上述诸事，不敢自信为必当，敬请胡陈钱三君及海内外关心本国文学者逐条指正外，尚有三事记之于次：

（一）余于用典问题，赞成钱君之说。主张无论广义狭义工者拙者一概不用。即用引证，除至普通者外，亦当注明出自何书，或何人所说。

（二）余于对偶问题，主张自然。亦如钱君所谓“凡作一文，欲其句句相对，与欲其句句不对者，皆妄也。”

（三）余赞成小说为文学之大主脑，而不认今日流行之红男绿女之小说为文学。（不佞亦此中之一人，小说家幸勿动气。）

（原载于1917年5月1日《新青年》第3卷第3号）

诗与小说精神上之革新

我尝说诗与小说，是文学中两大主干，其形式上应行改革之处，已就鄙见所及，说过一二。此篇专就精神上立论，分论如下。

一曰诗

朱熹《诗传序》曰，“人生而静，天之性也。感于物而动，性之欲也。夫既有欲矣，则不能无思。既有思矣，则不能无言。既有言矣，则言之所不能尽，而发于咨嗟咏叹之余者，必有自然之音响节奏而不能已焉。此诗之所以作也。”曹文埴《香山诗选序》曰，“自知诗之根于性情，流于感触，而非可以牵强为者。而彼尚戋戋焉比拟于字句声调间也。则曷反之于作诗之初心，其亦有动焉否耶。”袁枚《随园诗话》有曰，“须知有性情，便有格律。格律不在性情外。三百篇半是劳人思妇，率意言情之事。谁为之格，谁为之律，而今之谈格调者，能出其范围否。”可见作诗本意，只须将思想中最真的一点，用自然音响节奏写将出来，便算了事，便算极好。故曹文埴又说“三百篇者，野老征夫游女怨妇之辞皆在焉。其悱恻而缠绵者，皆足以感人心于千载之下。”可怜后来诗人，灵魂中本没有一个“真”字。又不能在自然界及社会现象中，放些本领去探出一个“真”字来。却看得人家作诗，眼红手痒，也想勉强胡诌几句，自附风雅。于是真诗亡而假诗出现于世。

《国风》是中国最真的诗——《变雅》亦可勉强算得——以其能为野老征夫游女怨妇写照，描摹得十分真切也。后来只有陶渊明、白香山二人，可算真正诗家。以老陶能于自然界中见到真处，老白能于社会现象中见到真处。均有绝大本领，决非他人所及。然而三千篇“诗”被孔丘删剩了三百十一篇。其余二千六百八十九篇中，尽有绝妙的《国风》，这老头儿糊糊涂涂，用了那极不确当的“思无邪”的眼光，将他一概抹杀，简直是中国文学上最大的罪人了。

现在已成假诗世界。其专讲声调格律，拘执着几平几仄方可成句，或引古证今，以为必如何如何始能对得工巧的，这种人我实在没工夫同他说话。其能脱却这窠臼，而专在性情上用功夫的，也大都走错了路头。如明明是贪名爱利的荒伧，却偏喜做山林村野的诗。明明是自己没甚本领，却偏喜大发牢骚，似乎这世界害了他什么。明明是处于青年有为的地位，却偏喜写些颓唐老境。明明是感情淡薄，却偏喜做出许多极恳挚的“怀旧”或“送别”诗来。明明是欲障未曾打破，却喜在空阔幽渺之处立论，说上许多可解不解的话儿，弄得诗不象诗，偈不象偈。诸如此类，无非是不真二字，在那儿捣鬼。自有这种虚伪文学，他就不知不觉与虚伪道德互相推波助澜，造出个不可收拾的虚伪社会来。至于王次回一派人，说些肉麻淫艳的轻薄话，便老着脸儿自称为情诗。郑所南一派人，死抱了那“但教大宋在，即是圣人生”的顽固念头，便摇头摆脑，说是有肝胆有骨气的爱国诗，亦是见理未真之故。（余尝谓中国无真正的情诗与爱国诗，语虽武断，却至少说中了一半。）近来易顺鼎樊增祥等人，拼命使着烂污笔墨，替刘喜奎梅兰芳王克琴等做斯文奴隶，尤属丧却人格。半钱不值，而世人竟奉为一代诗宗。又康有为作《开岁忽六十》一诗长至二百五十韵，自以为前无古人。报纸杂志，传载极广。据我看来，即置字句之不通，押韵之牵强于不问，单就全诗命意而论，亦恍如此老已经死了，儿女们替他发了通哀启。又如乡下大姑娘进了城，回家向大伯小叔摆阔。胡适之先生说，仿古文章，便做到极好，亦不过在古物院中，添上几件“逼真赝鼎”。我说此等没价值诗，尚无进古物院资格，只合抛在垃圾桶里。

朋友！我今所说诗的精神上之革新，实在是复旧。因时代有古今，物质有新旧，这个真字，却是唯一无二，断断不随着时代变化的。约翰生论此甚详，介绍其说如下。（约翰生博士士，Dr. Samuel Johnson生于一七〇九年，殁于一七八四年。为十八世纪英国文学界中第一人物。性情极僻，行事极奇，我国杂志中，已有译载其本传者，兹不详述。氏所著书，以《英文字典》“*English Dictionary*”《诗人传》“*The Lives of English Poet*”两种为毕业事业中最大之成就。而《拉塞拉司》“*Rasselas*”《人类愿望之虚幻》“*Vanity of Huma Wishes*”《漫游人》“*The Rambler*”诸书，亦多为后世珍重。此段即从《拉塞拉司》中译出。书为寓言体，言“亚比西尼亚（*abyssinia*）有一王子，曰拉塞拉司，居快乐谷*The Happy Valley*中，谷即人世‘极乐地’。‘*paradice*’四面均属高山，有一秘密之门，可通出入。王子居之久，觉此中初无乐趣。与二从者窃门而逃，欲一探世界中何等人最快乐。卒至遍历地球，所见所遇，在在均是苦恼。然后兴尽返谷，恍然于谷名之适当云。”氏思想极高，文笔以时代之关系，颇觉深奥难读。本篇所译，力求平顺翔实，要以句句不失原义而止。）

应白克曰，“……我辈无论何往，与人说起做诗，大都以为这是世间最高的学问。而且将他看得甚重，似乎人之所能供献于神的自然界者，便是个诗。然有一事最奇怪，世界不论何国，都说最古的诗便是最好的诗。推求其故，约有数说。一说为别种学问，必须从研究中渐渐得来。诗却是天然的赠品，上天将他一下子送给了人类，故先得者独胜，又一说谓古时诗家，于榛狉蒙昧之世，忽地做了些灵秀婉妙的诗出来，时人惊喜赞叹，视为神圣不可几及。后来信用遗传，千百年后，仍于人心习惯上，享受当初的荣誉。又一说谓诗以描写自然与情感为范围，而自然与情感，却始终如一，永久不变的。古时诗人，既将自然界中最足动人之事物，及情感界中最有趣味的遭遇，一概描写净尽，半些儿没有留给后人。后人做诗，便只能跟着古人，将同样的事物，重新抄录一通，或将脑筋中同样的印象，翻个花样布置一下，自己却造不出什么。此三说，孰是孰非，且不必管。总而言之，古人做诗，能把自然界据为己有，后人却只有些技术。古人心中，能有充分的魄力与发明力，后人却只有些饰美力与敷陈力了。

“我甚喜作诗，且极望微名得与前此至有光荣之诸兄弟（指诗人）并列。波斯及阿剌伯诸名人诗集，我已悉数读过，又能背诵麦加大回教寺中所藏诗卷。然仔细想来，徒事摹仿，有何用处。天下岂有从摹仿上着力，而能成其为伟人哲士者。于是我爱好之心，立即逼我移其心力于自然与人生两方面。以自然为吾仆役，恣吾驱使，而以人生为吾参证者，俾是非好坏，得有一定之依据。自后无论何物，倘非亲眼见过，决不妄为描写。无论何人，倘其意向与欲望，尚未为我深悉，我亦决不望我之情感，为彼之哀乐所动。

“我既立意要作一诗家，遂觉世上一切事物，各各为我生出一种新鲜意趣来。我心意所注射的地域，亦于刹那间拓充百倍，自知无论何事，无论何种知识，均万不可轻轻忽过。我尝排列诸名山诸沙漠之印象于眼前。而比较其形状之同异。又于心头作画，凡森林中有一株之树，山谷中有一朵之花。但令曾经见过，即收入幅中。岩石之高顶，宫阙之塔尖，我以等量之心思观察之。小河曲折，细流淙淙，我必循河徐步，以探其趣。夏云倏起，弥布天空，我必静坐仰观，以穷其变。所以然者，深知天下无诗人无用之物也。而且诗人理想，尤须有并蓄兼收的力量。事物美满到极处，或惨怖到极处，在诗人看来，却是习见。大而至于不可方物，小而至于纤眇不能目睹，在诗人亦视为相狎有素，不足为奇。故自园中之花，森林中之野兽，以至地下之矿藏，天上之星象，无不异类同归，互相联结，而存储于诗人不疲不累之心栈中。因此等意思，大有用处。能于道德或宗教的真理上，增加力量。小之，亦可于饰美上增进其自然真确之描画。故观察愈多，所知愈富，则做诗时愈能错综变化其情景，使读者睹此精微高妙之讽辞，心悦诚服，于无意中受一绝好之教训。

“因此之故，我于自然界形形色色，无不悉心研习。足迹所至，无一国无一地不以其特有之印象见惠，以益我诗力而偿我行旅之劳。”

拉塞拉司曰，“君游踪极广，见闻极博，想天地间必尚有无数事物，未经实地观察。如我之偏处群山之中，身既不能外出，耳目所接，悉皆陈旧。欲见所未见，观察所未观察而不可得，则如何。”

应白克曰，“诗人之事业，是一般特性的观察，而非各个的观察。但能于事物实质上大体之所备具，与形态上大体之所表见，见着个真相便好。若见了郁金香花，便一株株的数他叶上有几条纹，见了树林，便一座座的量他影子是方是圆，多长多阔，岂非麻烦无谓。即所做的诗，亦只须从大处落墨，将心中所藏自然界无数印象，择其关系最重而情状最足动人者，一一陈列出来。使人人见了，心中恍然于宇宙的真际，原来如此。至于意识中认为次一等的事物，却当付诸删削。然这删削一事，也有做得甚认真，也有做得甚随便，这上面就可见出诗人的本分，究竟谁是留心，谁是贪懒了。

“但是诗人观察自然，还只下了一半功夫，其又一半，即须娴习人生现象。凡种种社会种种人物之乐处苦处，须精密调查，而估计其实量，情感的势力，及其相交相并之结果，须设身处地以观察之。人心的变化，及其受外界种种影响后所呈之异象，与夫因天时及习俗的势力，所生的临时变化，自人人活泼康健的儿童时代起，直至其颓唐衰老之日止，均须循其必经之轨道，穷迹其去来之踪，能如是，其诗人之资格犹未尽备。必须自能剥夺其时代上及国界上牢不可破之偏见，而从抽象的及不变的事理中判一是非。尤须不为一时的法律与舆论所羁累，而超然高举，与至精无上，圆妙无极，万古同一的真理相接触。如此，则心中不特不急急以求名，且以时人的推誉为可厌，只把一生欲得之报酬，委之于将来真理彰明之后。于是所做的诗。对于自然界是个天人联络的译员，对于人类是个灵魂中的立法家。他本人也脱离了时代与地方的关系，独立太空之中，对于后世一切思想与状况，有控御统辖之权。

"虽然，诗人所下苦工，犹未尽也。不可不习各种语言，不可不习各种科学。诗格亦当高尚，俾与思想相配，至措词必如何而后隽妙，音调必如何而后和叶，尤须于实习中求其练熟……"

二曰小说

"小说为社会教育之利器，有转移世道人心之能力。"此话已为今日各小说杂志发刊词中必不可少之套语。然问其内容，有能不用"迎合社会心理"的工夫，以遂其"孔方兄速来"之主义者乎。愿小说出版家各凭良心一答我言。

"文情"二字，又今日谈小说者视为构成小说之原质者也。然我尝举一"文"字，问业于一颇负时名之小说家，其答语曰，"作文言小说，近当取法于《聊斋》，远当取法于'史汉'。作白话小说，求其细腻，当取法于《红楼》。求其瘦硬，当取法于《水浒》。然《红楼》又脱胎于《杂事秘辛》诸书，《水浒》又脱胎于《飞燕外传》诸书。则谓小说即是古文，非古文不能称小说可也。"又尝举一"情"字，问业于一喜读小说之出版家，其答语曰，"情节离奇是小说的骨子。必须起初一个闷葫芦，深藏密闭，直到临了才打破，方为上乘。其次亦当如金圣叹评'大易'，所谓

‘手轻脚快，一路短打’方是，若在古文上用功夫，句句是乌龟大翻身，有何趣味。”由前说言，中国原有古文，已觉读之不尽，何必再做。且何不竟做古文而做此刻鹄类鹜画虎类狗之小说为。由后说言，街头巷尾，小书摊上所卖“穷秀才落难中状元，大小姐后园赠衣物”的大丛书，亦尽可消闲破闷，何必浪费笔墨，再出新书。

小说家最大的本领有二。第一是根据真理立言，自造一理想世界。如施耐庵一部《水浒》，只说了“做官的逼民为盗”一句话，是当时虽未有“社会主义”的名目，他心中已有了个“社会主义的世界”。托尔斯泰所作社会小说，亦是此旨。其宗教小说，则以“Where’s Love,there’s God”一语为归宿，是意中不满于原有的宗教，而别有一理想的“新宗教世界”也。此外如提福之《鲁滨生》一书，则以“社会不良，吾人是否能避此社会？”及“吾人脱离社会后，能否独立生活？”两问题，构成一“人有绝对的独立生活力”的新世界。欧文所著各书，则以“风俗浇漓，足以造成罪恶”，而虚构一“浑浑噩噩之古式的新世界”。虞哥所撰各书，则破坏“一切制造罪恶的法律”，而虚构一“以天良与觉悟代法律的新世界”。王尔德所著各书，能于“爱情真谛”之中，辟一“永远甜蜜”的新世界。左喇所著各书，能以“悲天悯人”之念，辟一“忠厚良善”之新世界。虽各人立说不同，其能发明真理之一部分，以促世人之觉悟则一。第二是各就所见的世界，为绘一维妙维肖之小影。此等工夫，已较前稍逊。然如吾国之曹雪芹、李伯元、吴趼人。英国之狄铿士、萨克雷、吉伯林、史梯文生，法国之龚枯尔兄弟与莫泊三，美国之欧·亨利与马克·吐温，其心思之细密，观察力之周至，直能将此世界此社会表面里面所具大小精粗一切事物，悉数吸至笔端，而造一人类的缩影，此是何等本领。至如惠尔司之撰科学小说，康南道尔之撰侦探小说，维廉勒苟之撰秘密小说，瑟勒勃郎之撰强盗小说，已非小说之正，且亦全无道理，与吾国《花月痕》《野叟曝言》《封神榜》《七侠五义》等书，同一胡闹。然天地间第一笨贼，却出在我国。此人为谁，曰俞仲华之撰《荡寇志》是！

同是一头两手，同是一纸一笔，何以所做小说，好者如彼而恶劣者如此，曰，此是头脑清与不清之故。果能清也，天分高，功夫深，固可望大成。即不高不深亦可望小成。否则说上一辈子呓话，博得俗伧叫好而已。我今介绍樊戴克之说，即是洗清头脑的一剂灵药。（樊戴克博士，Dr.Henry van Dyke为美国当代第一流文豪。曾任Princeton大学英文学主讲。其著作有*Fisherman's Luck*、*Little Rivers*、*The Blue Flowers*、*The Ruling passion*、*Music, and other poems*、*The Houseof Rimon*、.*The Toiling of Felix,and other poems*等，首二种为纪事写生文，次二种为小说，余为诗集，均极有声誉。此节见于*The RuIing passion* 一书之篇首，标题曰《著作家之祈祷》“*a Writer's Request of His Mastcr*”。盖用教会中祈祷文体，以发表其小说上之观念，正所以自明其视文学为神圣的学问也。其言甚简，却字字着实，句句见出真学问，实不可多得之短文也。”

“愿上帝佑我，永远勿任我贸然以道德问题与小说相牵涉，且永远勿任我叙述一无意义之故事。愿汝督察我，令我敬重我之材料，俾不敢轻视自己之著述。愿汝助我以诚实之心对待文字与人类，因此皆有生命之物也。愿汝示我以至清明之途径，因著书如泅水。少许之澄清胜于多许之混浊也。愿汝导我观察事物之色相，而不昧我心中潜蓄之灵光。愿汝以理想赐我，俾我得立足于纺机之线，循序织入人类之锦，然后于朦昧不明之一大疑团中，探得其真际所在，愿汝管束我，勿令我注意书籍，有过于人类，注意技术，有过于人生，愿汝保持我，使我尽其心力，作此一节之功课，至于圆满充足而后止。既毕事，则止我。且给我以酬，如汝之意。更愿汝助我，从我安静之心中，说一感谢汝恩之亚门。”

此说专对小说立论，与约翰生之论诗，虽题目各殊，用意实出一轨。可知诗与小说仅于形式上异其趋向，骨底仍是一而二，二而一，即诗与小说而外，一切确有文学的价值之作物，似亦未必不可以此等思想绳之。

结 论

前文云云，我不敢希望于今之“某老某老”之大吟坛，亦不敢希望于报纸中用二号大字刊登“洛阳纸贵”“著作等身”之小说大家。即持此以与西洋十先令或一便士的廉价出版品——有时亦可贵至一元三角半或三先令六便士——之著作家说话，亦是对牛弹琴，大杀风景。然则此文究竟做给何等人看，曰，做给爱看此文者看。

“If this will not Suffice, it must appear
That malice bears down Truth.” ——Shakespeare.

“Truth Crashed to earth Shall rise again :
The eternal years of God are hers.” ——Bryant.

（原载于1917年7月《新青年》第3卷第5号）

通俗小说之积极教训与消极教训

要讨论这一个题目，就应当先把这题目认得清楚，辨别得明白。题中的“通俗小说”，就是英文中的“Popular Story”。英文“Popular”一字，向来译作“普通”，或译作“通俗”，都不确当。因为他的原义是：

1. Suitable to common people: easy to be comprehended.

2. Acceptable or pleasing to people in general.

若要译得十分妥当，非译作“合乎普通人民的，容易理会的，为普通人民所喜悦所承受的”不可：如此累坠麻烦，当然不能适用。现在借用“通俗”二字，是取其现成省事；他的界说，仍当用“Popular”一字的界说；决不可误会其意，把“通俗小说”看作与“文言小说”对待之“白话小说”——“通俗小说”当用白话撰述，是另一问题。

“通俗”二字既认明白了，就可知本文所讨论的，是上中下三等社会共有的小说，并不是哲学家科学家交换思想意志的小说，更不是文人学士发牢骚卖本领的小说。若要在中国旧小说中举几个例出来：则《今古奇观》《七侠五义》《三国演义》等，都是通俗小说；《燕山外史》《花月痕》《聊斋志异》等，都是“发牢骚卖本领”的小说——此等小说，实在并无本领可卖，不过作小说者，有卖本领之心理而已，——若问“交换思想意志”的小说，中国有了几种，我却回答不出！勉强说几种拉拉场面，也不过《水浒》《红楼》《西游》诸书：然此是题外事，不必说他。

题中“教训”二字，是说此项小说出版后，对于世道人心的影响如何。所谓“积极教训”，便是纪述善事，描摹善人，使世人生羡慕心，摹仿心；“消极教训”，便是纪述恶事，描摹恶人，使世人生痛恨心，革除心。这两种教训，各有各的好处：第一种是合乎“见贤思齐”“当仁不让”的道理；第二种也合乎“有则改之，无则加勉”的道理；粗粗一看，决难判别孰好孰坏。然就个人观察所及，则以为：

1. 作通俗小说，与其用消极的教训，不如用积极的教训；

2. 如其不能，则与其谩骂，不如婉讽；与其从正面直写其恶，不如从侧面曲绘其愚；

3. 否则混善恶而一之，用诙谐之笔，以促阅者自己之辨别与觉悟。

要说这三句话，应先问一问做小说的人，对于所做的小说，是否担负责任？中国从前的小说家，心目中本无责任二字，故不问诲淫诲盗，只须心中想得着，笔上写得出，无不淋漓尽致的做到书上去。他们心中，亦未尝不知淫盗之不当诲，故全书结束，必有一番因果报应的话：——说什么某善人是升官发财，妻妾荣封；某恶人是家破人亡，妻儿流散；——似乎要借此一笔，把全书事实，完全打消，其意若曰：我本来是要教诸位做好人的，诸位自己要做坏人，干我什么事？

此等不负责任的“造孽家”，都已做了过去的人物；虽然遗留许多坏书在社会上，到将来良好的小说发达了，终有渐渐消灭的希望。至于当代的小说家，都已挂了“改良社会”“启发民智”“辅助教育”的招牌了；究竟他们能否“货真价实，童叟无欺”，诚然是个疑问；我辈“以君子之心度人”，却总该承认他们是名实相符的。万一名实竟不相符，还当宽一步说：那是他们头脑欠清，未曾摸着路头，或路头虽已摸着，却嫌能力不足，未能实事求是做去。若说现在的世界上，竟还有不负责任，居心要制造恶人，酿成恶社会的小说家，我怕这话未免有些太“挖苦”了罢！

今先为“头脑欠清，未曾摸着路头”者说法：

我尝说，“世间只有两种人：一种是可怜的，一种是可恨的。”为什么没有可敬可爱的呢？因为一个人有了可敬可爱的资格，便天然要陷入可怜的地位。换一句话说，这一个世界，在未达我们理想中的“标准文明时代”之前，永远是个恶人欺侮善人的时代。做小说的把恶人描画出来，其本意无非说“世界上有这一等人，诸位要好好防备，可不要落在他坑里”，或是说“诸位请看，这等人做了坏事，到临了终没有好结果的，诸位可不要学他”；或是说“这等人太恶了，我现在揭穿了他的黑幕，大家合力反抗罢”。这三种用意，都从“悲天悯人”的念头中转化出来；从正面看去，简直半点毛病没有；若从反面仔细推测，便有种种流弊：

第一，人类的摹仿性，是最丰富的。辨别善恶性，也是人人都有的；——恶人亦能辨别善恶。故照常理说来，把辨别善恶性加到摹仿性上面去，当然是人人都想做善人，人人都已做成了善人。然而情理与事实，相去不可以道里计，是什么缘故呢？这就叫做“理不胜欲”。譬如一部《聊斋志异》，把狐鬼两物，可算形容得触目惊心，令人不寒而栗了？然而我在十五六岁情窦初开的时候看了他，心中明知狐鬼之可怕，却存了个怪想，以为照蒲留仙说，天下狐鬼，多至不可胜纪，且都是凿凿有据的，为什么我家屋子里，不也走出几个仙狐艳鬼来同我顽顽呢！这虽然是极可笑的孩子思想，却由此类推，我可断定看《官场现形记》的，看的时候虽觉书人中卑鄙无耻，到了身入官场的时候，就不知不觉的要做起书中人来；那看《儒林外史》的，看的时候虽替书中人一阵阵的肉麻，一把把的捏汗，到了地位相同的时候，也就不知不觉的如法泡制，做起假名士来。照此说，不是做消极小说的人，没有在反动一方面收到什么功效，反实施了一番做恶人的直观教育么？

第二，人类的神经，只能施以适当之激刺，不能施以过分之激刺；若激刺过了分，则神经渐趋衰钝，终至于麻木不仁而后已。故外国戏馆中，每遇谋杀决斗战争诸事，往往不在戏台上直演其惨状，只在谈话中用悲恻的神情表白出来，——即病死之情状，亦鲜有明演者；——又国家对于罪犯，非至万不得已不判死刑，即使判了，亦都在隐僻之处执行；甚至灾眚时疫，及一切惨怖事实，不能在贵客及妇女之前谈论：这些事，粗看了似乎无甚道理，仔细想去，当见其用意极深。中国却不然，种种奸淫惨杀之事尽可在大庭广众之中高谈阔论；官厅里杀起人来，必守着“刑人于市，与众共之”的古训；戏子们更荒谬，“三更三点的见鬼”“午时三刻的杀人”，几乎无日不有；若演《九更天》里的“滚钉板”，《罗通扫北》里的“盘肠大战”，《大香山》里“刀山地狱”，《蝴蝶梦》里的“大劈棺”，——此是关于惨杀一方面的，其关于淫秽一方的，如《送银灯》《寄柬》《拾玉镯》等，每有种种肉麻动作，亦可作如是观，——则演的人固然是兴会淋漓，看的人也觉得分外津津有味，从前我在上海，请一位美国朋友看了一次中国戏，那朋友说道“贵国的戏，若叫敝国女人看了，可吓得他们一礼拜睡不着”；试问外国人看了要睡不着的，中国人看了反觉津津有味，中国人的神经，已到了那一等地步？又前一礼拜，周启明先生向我说：“近来在《研堂见闻杂记》里，看见一段故事，说‘清初李森先巡按江南，捕优人王子玠，与奸僧三遮和尚，相对枷死。子玠善演红娘，以僧对之，宛然法聪。人见之者，无不绝倒！’”试问人家到了将死的地步，中国人全无恻隐之心，反要大开玩笑。此种“忍心害理”的思想，是人类应有的不是？所以我常说，人类的神经，自有上天所赋的一点“真实感觉性”；有此一点“真实感觉性”，加以适当之刺激，人人可以做得圣贤，成得佛；犹如人人舌头上，都有辨别五味的能力，不必加以矫揉造作，即能自成其为“知味者”。若神经上多受了过分的刺激，他那现象，便如专吃腥燥油腻的野蛮人类一般，对于通常滋味，反不能辨别；久而久之，自能成为“习于世故”“愍不畏死”“哀乐无动于中”的“老奸巨猾”了。

第三，做消极小说，大概不外乎两种方法：一种是直写实事，或在实事之外，略加点染的；一种是凭空结撰，完全是著作家杜造出来的。——第一种如“某某现形记”及新近出版的“某某黑幕”等；第二种如英人A. C. Doyle所作各种侦探小说，及William Le Queux所作“*Fatal Thirteen*”“*Confessions of a Lady's man*”等。这两种，若要从根本上推翻他，简直是贻害社会，比几部有名的诲淫诲盗小说，还要利害百倍！何以故？因为诲淫的小说，即使大声疾呼，满纸写了“淫”字，遇到“无可与淫”，或意虽欲淫，而没有“潘驴邓小闲”那种资格的人，还只是淫不起来；那诲盗小说，即使写得荒谬到极处，满纸都是刀光血影，遇到“不必为盗”，或“虽欲为盗，而没有做强盗的经济魄力”的人，还只是做不成功强盗。如此说，诲淫诲盗，被诲者不过是一部分人，决不至全世界都变作“男盗女娼”的。

至于前文所述的“现形记”与“黑幕”，却大有普及一切的魔力。因为这一派书，所纪既属实事，故处处与现代社会吻合，摹仿起来很容易；而且范围极广，非但不象淫盗两事之受社会裁制，竟有许多是国法之所不禁的，故看书的人，一到“心中所欲”或“地位所需”的时候，便可采集众长，实行摹仿。

书中事实，本来是一二恶人，费了许多心思才能发明，且未必肯轻易告人的；自从这“Cyclopedia of Crime”出了世，竟变做了全世界的公器了！侦探小说的用意，自要促进警界的侦探知识；就本义说，这等著作家的思想，虽然陋到极处，却未能算得坏了良心；无如侦探小说要做得好，必须探法神奇；要探法神奇，必须先想出个奇妙的犯罪方法；这种奇妙的犯罪方法一披露，作奸犯科的凶徒们，便多了个“义务顾问”；而警界的侦探知识，却断断不会从书中的奇妙探法上，得到什么进步：——因为犯罪是由明入暗，方法巧妙了，随处可以借用；探案是由暗求明，甲处的妙法，用在乙处，决不能针锋相对；——从前有位朋友向我说：“上海的暗杀案，愈出愈奇，都是外国侦探小说输入中国以后的影响。”我当时颇不以此言为然，现在想想，却不无一二分是处。至于W. Le Queux的小说，愈觉荒谬，简直是个“罪恶叫卖店”的主人，吊高了嗓子叫道：“诸位要犯罪么？要杀人么？要是没有好方法，本主人廉价教授，只须花六个辨士买本教科书看看就可以了！”这种书，价值远出于“现形记”“黑幕”之下，文笔也芜陋异常；然而英美两国，一般无知识的新闻记者和杂志主任，也居然称他为“文豪”咧！

以上都是就理论上说话，若就做法上说，则做积极小说，简直比做消极小说难了百倍；所以往往有头脑极清，明知消极小说之有流弊，动起笔来，却不知不觉的写到消极一条路上去；这因为——

1. 我们眼光中所看见的社会，好人少，坏人多；要写好人，简直找不到个影子；要写坏人，却触目皆是。

2. 好人是不能单独做的，必须有坏人衬托；把坏人写得愈坏，方见好人之愈好。然而写坏人易，写好人难；即如写个美人，便把《洛神赋》上的词头儿全都搬在纸上，亦觉不甚出色；要写个丑妇，却一动笔便可引得读者哈哈大笑了。

3. 人的性情，是喜谈人短，恶说人长的，譬如三五个朋友聚在一处谈天，若说某甲如何如何好，不上三五句话就说完了；若谈某乙如何如何坏，必有某丙某丁刺刺不休的背出他的历史来。又如写信，要恭维人家几声，便抄遍了什么《尺牍大全》，自己终觉得有些肉麻可笑；若要写封骂人的绝交书，保管文思泉涌，洋洋千百言，不难一挥而就。

4. 写好人的文章，已为千百年来一般“谀墓文豪”做尽；我们再去做他，尽管面子上挂了“小说”的招牌；看的人还要当他是什么“哀启”“祭文”“家传”“神道碑”“墓志铭”咧!

5. 专做好人的正面文章，在中文则容易做成《太上宝筏图说》《阴骘文图说》，在西文则容易做成*Sunday School Stories*、*Church Stories*。把小说做成了这一等书，还有什么文学上的价值没有?

当初我看小说，不论中文西文，总看不见什么良好的积极小说，心中颇以为怪；后来自己做了几年，领略了些甘苦，才知道内中有这几种原因。

照上文说，做积极小说虽非绝对的不可能，却已证明十分之八九是不容易做好的；要在这不容易之中找些方法出来，大约有五种：

第一种是化消极为积极　如陶渊明做的《桃花源记》，完全是表示厌世思想的；若老陶要把目睹的怪现状写出，至少也总可做成十部八部的“现形记”或“黑幕”；然而他不说世界的黑暗，只说自然界的快乐，又轻描淡写，把“不知有汉，无论魏晋，此人一一为具言所闻，皆叹惋”及“不足为外人道也”数语，将本意说出，这便是他极有斟酌处。又如英人Daniel Defoe所作的*Robinson Crusoe*亦与老陶同一用意，后人把他看作Adventure

Story便错了。

第二种是以积极衬托消极。如苏格兰S.R.Crockett所做的“*The Stickit Minister*”说兄弟两人，做兄的尽力种田，把家产变卖了培植兄弟；到他兄弟做了医学博士，竟把老兄置之不问了。此种材料，若叫中国人来做小说，必把乃弟描摹得不堪言状，末了再加上个“人之无良，一至于此”的批语；Crockett却只写乃兄的如何劳苦，身体如何衰弱，心地如何忠厚；其“画龙点睛”处，仅有“乃兄耕田疲乏时，引领遥望，见乃弟骑骏马，挥鞭由阡陌间驰过”一语。又英人Ella Higgin son所作的*Mrs. Risley's Christmus Dinner*本来说一个不孝的女儿的；然而他不说女儿的如何如何不孝，却把母亲的如何衰老，如何孤苦，如何牵记女儿，描摹得委婉动人，呼之欲出；结尾说母亲有了如此好心，女儿竟不回来；是一篇文章，完全翻了个身，句句不骂女儿，却句句骂在女儿身上了。此等反衬文笔，感人最深，又全无流弊，做通俗小说，最宜取法。

第三是以消极打消消极。如俄人Leo Tolstoy所作的*How much Land does a man need*？是用滑稽笔法，——以反面的消极，打消正面的消极，——促动大地主的反省，正合代数学中“负与负乘，所得为正”的一句话。此种方法，当描摹正面的消极时，最宜自有分寸；否则“现形记”“黑幕”诸书，末段何尝不有一番自己打消自己的话说呢。

第四是以积极打消消极。如英人Charles Dickens所作的*A christimas carol*头段数页是正面的消极，初入梦的一小部分是反面的消极，后来一大部分，由消极趋于积极。

第五是消极积极循环打消　如吴稚晖先生所译的法国剧本《鸣不平》，——或作《社会阶级》，其原本余未之见，——是用“黄雀螳螂”的办法，把“公爵”“银行主人”“书记”“婢女”“车夫”“黑奴”“乞丐”“狗”八种阶级，正面反面，各各写了个照，随即各自打消。这种方法极好，然当变换文章结构，方可引人入胜；要是死守了这一种章法，便“味同嚼蜡”了。

做小说的方法，本来是千变万化，不能拘执一格的；上面所说的五种，不过略举其例罢了。

袁子才诗话里，说“老学究论诗，必有一副门面语。……必曰须有含蓄，此店铺招牌，无关货之美恶。《三百篇》中，……有含蓄者，‘棘心夭夭，母氏劬劳’是也；有说尽者，‘投畀豺虎，投畀有昊’是也”。这一番话，拿来议论小说，本来是的切不移的。试看世界各国的近世小说家，凡是有魄力，有主张的，人人都有一部两部反抗强权，刺激社会的小说；非但不说那“须有含蓄”的腐败话，便连积极消极，也不成问题。然就小说的全体说是如此；若只就通俗小说一部分说，究竟要有些斟酌。所以我今天所说的话，自己也知道意思很肤浅，且大有老学究气息；然为目前时势之所需要，不得不如此说。到将来人类的知识进步，人人可以看得陈义高尚的小说，则通俗小说自然消灭了，我这话也就半钱不值了。

（原载于1918年7月《太平洋》月刊第1卷第10号）